Adventures
in Japanese 2

Workbook

アドベンチャー
日本語2

Adventures in Japanese 2
Workbook

Hiromi Peterson, Junko Ady, Naomi Okada
& Hiroko Kazama

Illustrated by Michael Muronaka & Emiko Kaylor

CHENG & TSUI COMPANY

2004 Edition

18 17 16 15 14 13   10 11 12 13 14 15

Published by

Cheng & Tsui Company
25 West Street
Boston, MA 02111-1213 USA
Fax (617) 426-3669
www.cheng-tsui.com
"Bringing Asia to the World"™

Printed in the United States of America

ISBN-10: 0-88727-429-3
ISBN-13: 978-0-88727-429-9

The *Adventures in Japanese* series includes textbooks, workbooks, teacher's handbooks, audio CDs,
software, and hiragana/katakana workbooks. Visit www.cheng-tsui.com for more information.

ADVENTURES IN JAPANESE 2 WORKBOOK
CONTENTS

かんじ

1	一 いち、 ひと(つ)	二 に、 ふた(つ)	三 さん、 みっ(つ)	四 し、よ、 よん、 よっ(つ)	五 ご、 いつ(つ)			
	六 ろく、 むっ(つ)	七 なな、しち、 なな(つ)	八 はち、 やっ(つ)	九 きゅう、く、 ここの(つ)	十 じゅう、 とお			
	日 に、にち、 ひ、び、か	月 がつ、 げつ	火 か	水 みず、 すい	木 き、 もく	金 かね、 きん	土 ど	
2課	口 くち、ぐち	目 め	人 ひと、 にん、じん	本 もと、 ほん、ぼん、 ぽん	今 いま、 こん	年 とし、 ねん	私 わたし、 わたくし	曜 よう
3課	上 うえ	下 した、 くだ(さい)	大 おお(きい)、 たい、だい	小 ちい(さい)、 しょう	夕 ゆう	何 なに、なん	中 なか、 ちゅう	外 そと、 がい
4課	行 い(く)、 こう	来 き(ます)、 く(る)、 こ(ない)、 らい	子 こ	車 くるま、 しゃ	学 がく、 がっ	校 こう	見 み(る)	良 よ(い)	食 た(べる)、 しょく
5課	川 かわ、がわ	山 やま、 さん	出 で(る)、 だ(す)	先 せん	生 う(まれる)、 せい	父 ちち、 とう	母 はは、 かあ	毎 まい	書 か(く)、 しょ
6課	手 て	耳 みみ	門 もん	聞 き(く)、 ぶん	女 おんな	好 す(き)	田 た、だ	男 おとこ	
7課	言 い(う)	語 ご	寺 てら、でら、 じ	時 とき、 じ	間 あいだ、 かん	分 わ(かる) ふん、ぶん、 ぶん	正 ただ(しい)、 しょう	家 いえ、か	々 [repeat]

課									
9課	白 しろ, はく	百 ひゃく, びゃく, ぴゃく	千 せん, ぜん	万 まん	方 かた,がた, ほう	玉 たま, だま	国 くに,ぐに こく,ごく	安 やす (い)	高 たか (い), こう	
10課	牛 うし, ぎゅう	半 はん	*手 て, しゅ	友 とも	帰 かえ (る)	待 ま (つ)	持 も (つ)	米 こめ	番 ばん	事 こと,ごと, じ
11課	雨 あめ	電 でん	天 てん	気 き	会 あ (う), かい	話 はな (す), はなし, ばなし, わ	売 う (る)	読 よ (む)		
13課	右 みぎ	左 ひだり	入 い (れる), はい (る), いり	物 もの, ぶつ	名 な, めい	前 まえ, ぜん	戸 と,ど	所 ところ, どころ しょ,じょ	近 ちか (い)	
14課	立 た (つ), りつ	作 つく (る) ,さく	肉 にく	魚 さかな	多 おお (い), た	少 すく (ない), すこ (し)	古 ふる (い)	新 あたら (しい), しん	*生 う (まれ る), せい, なま	
15課	才 さい	心 こころ, しん	思 おも (う)	休 やす (み)	買 か (う)	早 はや (い)	自 じ	犬 いぬ	太 ふと (る)	屋 や

* Previously introduced.

名前：_____

日付：_____

I. During the summer vacation, Ken received this postcard. Answer the following questions in English.

ケンさん、こんにちは。おげんきですか。
いま わたしは とうきょうに います。
かぞくと いっしょに りょこうして います。
ディズニーランドは とても たのしかった
です。あした、きょうとへ いきます。
まい日、日本のたべものを たべて
いますから、ハンバーガーが たべたく
なりました。 ケンさんの なつやすみは
どうですか。 おげんきで。 バイバイ！
　　　　八月十五日（土）　　　ジョイス

Mr. Ken Tanaka
1234 Punahou St.
Honolulu, Hawaii
96822   U. S. A.

AIR MAIL

1. Who wrote this card to Ken? _____

2. Where did this person send this postcard from? _____

3. What did she enjoy at this place? _____

4. Where is this person planning to go? _____

5. What does she want to eat now? _____

6. When did this person write this postcard? _____

7. Who is this person traveling with? _____

II. Answer the following questions about yourself.

1. お名前は？ _____

2. 何才ですか。 _____

3. 何年生ですか。 _____

一課

4. 家はどこですか。 _____

5. 住所と電話番号は何ですか。

_____

6. 兄弟は何人ですか。何年生ですか。

_____

7. あなたの趣味は何ですか。 _____

8. 何が嫌いですか。 _____

9. 今年どんな事がしたいですか。 _____

III. 漢字コーナー

A. Try solving these math problems using *kanji* numbers. Answer using *kanji*.

1. 三 ＋ 五 ＝ ___

2. 十四 ＋ 七 ＝ ___ ___ ___

3. 六十八 ＋ 九 ＝ ___ ___ ___

4. 四十二 － 八 ＝ ___ ___ ___

5. 八十 － 五十三 ＝ ___ ___ ___

6. 九十 － 十三 ＝ ___ ___ ___

7. 六 × 四 ＝ ___ ___ ___

8. 十五 × 三 ＝ ___ ___ ___

9. 四十 ÷ 五 ＝ ___

10. 三十六 ÷ 四 ＝ ___

B. Complete these series using *kanji*.

1. 一月、二月、_____、四月、_____、六月、_____、_____、
_____、十月、十一月、_____

2. 十、二十、_____、_____、五十、_____、_____、_____

3. 二十五、三十、_____、_____、四十五、五十、_____、_____

4. 十四、二十一、_____、三十五、_____、四十九、_____

5. 日曜日、月曜日、_____曜日、_____曜日、木曜日、_____曜日、土曜日

名前: _____

日付: _____

I. Fill in the ( ) on this map with the letters of the correct words from the list.

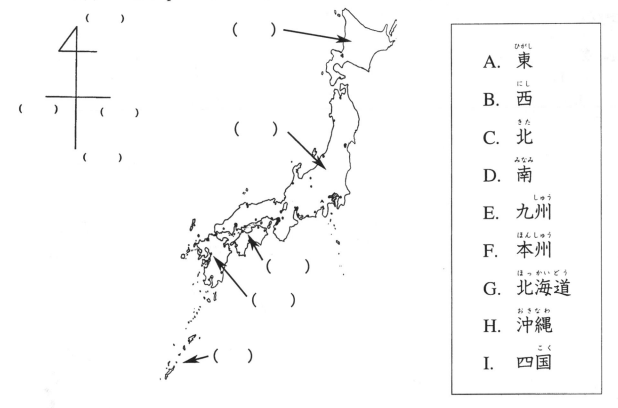

A.	東
B.	西
C.	北
D.	南
E.	九州
F.	本州
G.	北海道
H.	沖縄
I.	四国

II. Circle the correct words to complete the following statements.

Ex. 北海道は　本州の　(Ⓐ北　B.南) に　あります。

1. 四国と　九州は　本州の　(A.北　B.南) に　あります。

2. 沖縄は　九州の　(A.北　B.南) に　あります。

3. 札幌は　仙台の　(A.北　B.南) に　あります。

4. 神戸は　大阪の　(A.東　B.西) に　あります。

5. 広島は　福岡の　(A.東　B.西) に　あります。

6. 東京は　名古屋の　(A.東　B.西) に　あります。

7. 京都は　東京の　(A.東　B.西) に　あります。

8. 那覇は　福岡の　(A.北　B.南) に　あります。

9. 日本は　アメリカの　(A.東　B.西) に　あります。

一課

III. Read the messages in each of the speech bubbles on the next page. Find out where the people below are from. Fill in the (   ) with the corresponding letter of the city from which each person comes.

IV. Read the explanation of the Ryoanji Temple on p. 6. Where is this temple in Japan? Write the city name and the corresponding letter from the above map.

City name: _____   The city location from the map: (   )

一課   4

やあ。ぼく、たいちです。さっぽろからです。・よろしく。

こんにちは。みちこです。ひろしまからきました。こうこう二ねんせいです。

おはよう。きみこよ。せんだいから。・ちゅうがく三ねん。よろしくね。

おはよう。ぼく、いちろう。やきゅうがとくいです。なはからきました。

こんにちは。わたしは、まちこです。とうきょうからです。こうこう二ねんです。よろしく。

こんにちは。ぼく、けんです。きょうとからです。いま、十六さい。

おはよう。ぼくはしんいち。なごやからです。こうこう一です。よろしく。

オス一おれ、とおる。ふくおかから。よろしくな。

一課

A favorite temple known as Ryoanji features an ingeniously designed rock garden. Located in Kyoto, this simple masterpiece consists of 15 rocks strategically placed in a sea of white gravel.

The rock garden, which lies adjacent to the temple, was completed in the 15th century, and is a mere 100 by 35 feet. It is unlike most Japanese gardens designed in the Middle Ages, and contains no trees or shrubs other than traces of moss on the rocks. It is believed that a painter and gardener known as Soami, who lived in the late 1400s and early 1500s, first designed this garden, which has gained fame world wide.

Ryoanji draws many visitors who enjoy the simple elegance of the garden. It is common to find visitors sitting alongside the garden in deep meditation. It is said that it is impossible to see all 15 rocks from any one spot. The walls that partially surround the garden are made of clay boiled in oil. Its unique design is the result of oil that has seeped out over the years.

As one gazes out over the garden, one can allow one's imagination to roam - there are many interpretations of what this garden represents.

名前:＿＿＿＿＿＿＿＿＿＿＿＿＿＿

日付:＿＿＿＿＿＿＿＿＿＿＿＿＿＿

I. Do you want to do the following things or not? Circle your choice.

1. 今日　テレビを（見たい, 見たくない）です。

2. 今晩　本を（読みたい, 読みたくない）です。

3. 今　アイスクリームを（食べたい, 食べたくない）です。

4. 今年　ガールフレンド or ボーイフレンドが（ほしい, ほしくない）です。

5. 週末　友達と（遊びたい, 遊びたくない）です。

6. 今日　テニスを（したい, したくない）です。

7. 今晩　早く（寝たい, 寝たくない）です。

8. 今晩　友達と　電話で（話したい, 話したくない）です。

9. 今　冷たい　コーラを（飲みたい, 飲みたくない）です。

10. 今　図書館へ（行きたい, 行きたくない）です。

11. 私は　赤い　ぼうしが（ほしい, ほしくない）です。

II. Write three things you want to do today and three things you do not want to do today.

Things I want to do today:

1.＿＿＿＿＿＿＿＿＿＿＿＿＿＿＿＿＿＿＿＿＿＿＿＿＿

2.＿＿＿＿＿＿＿＿＿＿＿＿＿＿＿＿＿＿＿＿＿＿＿＿＿

3.＿＿＿＿＿＿＿＿＿＿＿＿＿＿＿＿＿＿＿＿＿＿＿＿＿

Things I do not want to do today:

1.＿＿＿＿＿＿＿＿＿＿＿＿＿＿＿＿＿＿＿＿＿＿＿＿＿

2.＿＿＿＿＿＿＿＿＿＿＿＿＿＿＿＿＿＿＿＿＿＿＿＿＿

3.＿＿＿＿＿＿＿＿＿＿＿＿＿＿＿＿＿＿＿＿＿＿＿＿＿

一課

III. 漢字コーナー

A. Answer the questions based on the calendar.

1. Circle the correct *kanji* for the date.

a. 一日は　　（日曜日, 月曜日, 火曜日）です。

b. 十八日は　　（水曜日, 木曜日, 金曜日）です。

c. 二十六日は　　（土曜日, 火曜日, 金曜日）です。

d. 七日は　　（日曜日, 月曜日, 土曜日）です。

e. 三十日は　　（木曜日, 水曜日, 火曜日）です。

f. 二十四日は　　（木曜日, 火曜日, 水曜日）です。

九月

日	月	火	水	木	金	土
	1	2	3	4	5	6
7	8	9	10	11	12	13
14	15	16	17	18	19	20
21	22	23	24	25	26	27
28	29	30				

2. Fill in the blanks with *kanji*.

a. 二十日は　_____曜日です。

b. 十日は　_____曜日です。

c. 二十八日は　_____曜日です。

d. 五日は　_____曜日です。

e. 十一日は　_____曜日です。

f. 九日は　_____曜日です。

g. 二十九日は　_____曜日です。

B. Fill in the blanks with the correct *kanji*.

1. 今日は　____　____　____　____年　____月　____日　____曜日です。

2. 今、のどが　かわいて　いますから、お____を　飲みたいです。

3. 私は　お____が　たくさん　ありませんから、新しい　シャツを　買いません。

4. あの____に　かわいい　鳥が　いますよ。

一課　　　　　　8

アドベンチャー日本語２　　　　　　　名前<ruby>名前<rt>なまえ</rt></ruby>:_____

ワークシート１<ruby>課<rt>か</rt></ruby>ー４　　　　　　　<ruby>日付<rt>ひづけ</rt></ruby>:_____

I. This is a description of Ichiro's day.

A. Fill in the blanks with the correct form of a verb chosen from the box below.

一郎さんは今日、午前七時に＿＿＿＿＿＿^{1}、七時十五分に朝ご飯を食べました。朝ご飯を食べて、七時四十分ごろ学校へ＿＿＿＿＿＿^{2}行きました。学校は家からとても近いです。学校へ八時に＿＿＿＿＿＿^{3}、ホームルームがありました。朝、数学と社会と英語と体育の授業がありました。十二時半にカフェテリアでお昼を＿＿＿＿＿＿^{4}、休み時間に友達と話しました。午後のクラスは一時半から始まりました。お昼から科学と音楽の授業がありました。学校が＿＿＿＿＿＿^{5}、四時前に家へ帰りました。家へ＿＿＿＿＿＿^{6}、テレビを見ました。それから、六時半に家族といっしょに晩ご飯を食べて、八時から宿題を＿＿＿＿＿＿^{7}、十一時ごろ寝ました。

> <ruby>帰<rt>かえ</rt></ruby>ります, <ruby>歩<rt>ある</rt></ruby>きます, <ruby>食<rt>た</rt></ruby>べます, <ruby>起<rt>お</rt></ruby>きます, <ruby>終<rt>お</rt></ruby>わります, します, <ruby>行<rt>い</rt></ruby>きます

B. Based on the story above, write the correct times of each of Ichiro's activities in the ( ).

(　　　　)　　(　　　　)　　(　　　　)　　(　　　　)　　(　　　　)

9

一課

II. Fill in the blanks with correct word from the list below.

1. ポールさんは　ちょっと　背が　_____、やせて　います。

　　ポールさんは　中学三年生_____、十五才です。

　　ポールさんは　バスケットが　大好き_____、とても

　　上手です。

2. この　猫は　_____、ちょっと　太って　います。

　　この　猫の　名前は　シロ_____、二才です。

　　この　猫は　魚が　大好き_____、魚を　毎日　食べます。

3. 姉は　ダンスが　上手_____、歌も　上手です。

　　姉は　二十才_____、大学生です。

　　姉は　頭が　_____、成績は　いつも　いいです。

```
で,　良くて,　高くて,　かわいくて
```

III. Match the pictures and the sentences. Then fill in the blanks with the appropriate verb in its correct form.

(　)

(　)

(　)

(　)

(　)

(　)

1. すみません。
　　もう一度　_____下さい。

2. すみません。
　　鉛筆を　_____下さい。

3. お水を　_____もいいですか。

4. 窓を　_____下さい。

5. ちょっと　_____下さい。

6. ロッカーへ　_____もいいですか。

I. Read the conversation between Ken and Mari in Lesson 1 of the text. Then answer the questions in Japanese.

1. ケンさんは日本語が上手ですか。　_____

2. まりさんは日本のどこから来ましたか。_____

3. まりさんはいつ日本から来ましたか。_____

4. まりさんはお姉さんがいますか。　_____

5. まりさんは何年生ですか。　_____

6. まりさんの趣味は何ですか。　_____

7. まりさんはここで何をしたいですか。_____

II. This is a letter from your friend. Read the letter and mark the statements below True or False.

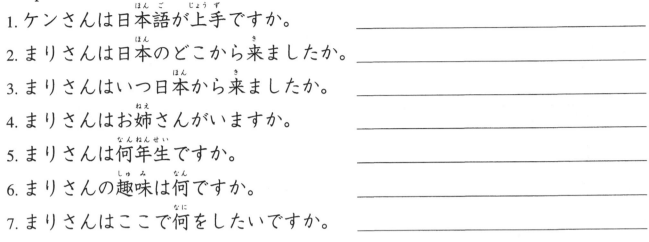

私は七月二十五日に日本へ行きました。友達のゆかさんの家へ行きました。ゆかさんの家は奈良にありました。奈良は京都の南にあります。ゆかさんの家族は四人です。お父さんとお母さんとお兄さんとゆかさんです。お父さんは四十五才で、銀行で働いています。お母さんは中学校の英語の先生で、四十一才です。お兄さんは高校二年生で、十六才です。お兄さんはサッカーが得意で、頭もいいです。ゆかさんは中学三年生で、十四才です。ゆかさんの趣味は映画です。私達は毎日曜日、映画を見ました。日本はとても暑かったですが、楽しかったです。八月九日に帰りました。また来年、日本へ行きたいです。

1. (True False) The writer's Japanese friend Yuka lives in Nara, which is north of Kyoto.

2. (True False) Yuka has a younger brother.

3. (True False) Yuka's mother is a high school English teacher.

4. (True False) Yuka loves movies, and Yuka and the writer went to see a movie every Sunday.

5. (True False) Yuka returned on August 7th.

11

一課

III. Write a self-introduction in Japanese. Attach your photo in the box. Include your name, grade, activities in which you are involved, hobbies and information about your family and siblings. Make effective use of the sentence structures you have learned.

名前：＿＿＿＿＿＿＿＿＿＿＿＿＿＿＿＿＿＿

＿＿＿＿＿＿＿＿＿＿＿＿＿＿＿＿＿＿＿＿＿＿＿＿＿＿＿＿

＿＿＿＿＿＿＿＿＿＿＿＿＿＿＿＿＿＿＿＿＿＿＿＿＿＿＿＿

＿＿＿＿＿＿＿＿＿＿＿＿＿＿＿＿＿＿＿＿＿＿＿＿＿＿＿＿

＿＿＿＿＿＿＿＿＿＿＿＿＿＿＿＿＿＿＿＿＿＿＿＿＿＿＿＿

＿＿＿＿＿＿＿＿＿＿＿＿＿＿＿＿＿＿＿＿＿＿＿＿＿＿＿＿

＿＿＿＿＿＿＿＿＿＿＿＿＿＿＿＿＿＿＿＿＿＿＿＿＿＿＿＿

＿＿＿＿＿＿＿＿＿＿＿＿＿＿＿＿＿＿＿＿＿＿＿＿＿＿＿＿

名前:<rt>な まえ</rt>_____

日付:<rt>ひ づけ</rt>_____

You may not understand all the Japanese on the CD,
but use the context to help you comprehend as much as you can!

I. Listen to the tape and match the expressions you hear with the appropriate pictures below.

1. (   ) 2. (   ) 3. (   ) 4. (   ) 5. (   )

6. (   ) 7. (   ) 8. (   ) 9. (   ) 10. (   )

11. (   ) 12. (   ) 13. (   ) 14. (   ) 15. (   )

16. (   ) 17. (   ) 18. (   ) 19. (   ) 20. (   )

21. (   ) 22. (   ) 23. (   ) 24. (   ) 25. (   )

一課

II. Listen to the following dialogue and complete the sentences by choosing the most appropriate answer from the choices given.

26. Nagoya is in (A. Hokkaido B. Honshu C. Shikoku D. Kyushu E. Okinawa).

27. Nagoya is (A. north B. south C. east D. west) of Tokyo.

28. Yuri came to the U.S. in (A. June B. July C. August D. September).

29. Yuri came to the U.S. on the (A. 2nd B. 5th C. 10th D. 20th) of the month.

30. Yuri has (A. one older brother B. two older brothers C. one older sister D. two older sisters).

31. Yuri has (A. one younger sister B. two younger sisters C. one younger brother D. two younger

    brothers).

32. Yuri wants to (A. teach B. learn) English.

33. Ken (A. knows B. does not know) Japanese.

34. Ken (A. wants to go B. does not want to go) to the movies now.

35. Yuri (A. can B. cannot) go to the movies now.

アドベンチャー日本語2

ワークシート2課ー1

名前:＿＿＿＿＿＿＿＿＿＿＿＿＿

日付:＿＿＿＿＿＿＿＿＿＿＿＿＿

I. Looking at the pictures below, explain what these people are doing in Japanese using 〜ています.
   Use the verbs given. Change the verbs to the correct て form.

Choices: 見ます, 食べます, 聞きます, 読みます, 勉強します

1. ＿＿＿＿＿＿＿＿＿＿＿＿＿＿＿＿＿＿＿＿＿＿＿＿＿＿＿＿＿＿＿＿

2. ＿＿＿＿＿＿＿＿＿＿＿＿＿＿＿＿＿＿＿＿＿＿＿＿＿＿＿＿＿＿＿＿

3. ＿＿＿＿＿＿＿＿＿＿＿＿＿＿＿＿＿＿＿＿＿＿＿＿＿＿＿＿＿＿＿＿

4. ＿＿＿＿＿＿＿＿＿＿＿＿＿＿＿＿＿＿＿＿＿＿＿＿＿＿＿＿＿＿＿＿

5. ＿＿＿＿＿＿＿＿＿＿＿＿＿＿＿＿＿＿＿＿＿＿＿＿＿＿＿＿＿＿＿＿

II. Look at the picture below and fill in the blanks using the verbs below in their 〜ています forms.
    Be sure to change the verbs to the correct て form.

1. 姉は 旅行の 会社に ＿＿＿＿＿＿＿＿＿＿＿＿＿＿＿＿＿＿＿＿。

2. 兄は 手に 日本の 本を ＿＿＿＿＿＿＿＿＿＿＿＿＿＿＿＿＿＿＿。

3. 父は パン屋で ＿＿＿＿＿＿＿＿＿＿＿＿＿＿＿＿＿＿＿＿＿＿＿。

4. 弟は 学校へ ＿＿＿＿＿＿＿＿＿＿＿＿＿＿＿＿＿＿＿＿＿＿＿＿。

5. おじさんは 東京に ＿＿＿＿＿＿＿＿＿＿＿＿＿＿＿＿＿＿＿＿＿＿。

Choices: 勤めます, 持ちます, 働きます, 行きます, 住みます

15

二課

III. Read the letter below. Circle the letter of the set of the statements that give the most accurate information about Kenta's family.

こんにちは。ぼくの家族をしょうかいします。ぼくの父の名前は山本ふみおで、東京の会社に勤めています。趣味は野球とテニスです。母の名前はじゅんこで、主婦ですが、ときどきボランティアをしています。ぼくの妹は八才で、小学二年生です。名前はあすかで、音楽が好きで、ピアノがとても上手です。ぼくはけんたで十一才です。小学五年生です。サッカーとビデオゲームが大好きで、妹といっしょに毎日しています。好きな科目は体育と社会です。

a. Father: F. Yamamoto. He works in Osaka and likes baseball and tennis. Mother: Junko. She is a housewife. Me: Kenta. I am 12 years old and like soccer and videos. Younger Sister: Asuka. She is in the eighth grade.

b. Father: F. Yamamoto. He works in Tokyo. He likes baseball and tennis.
Mother: Junko. She is a housewife. Me: Kenta. I am 11 years old and like soccer and video games. Older sister: Asuka. She is in the second grade.

c. Father: F. Yamamoto. He works in Tokyo. He likes baseball and tennis.
Mother: Junko. She is a housewife. Me: Kenta. I am 11 years old and like soccer and video games. Younger sister: Asuka. She is in the second grade.

IV. 漢字コーナー：

A. Choose the correct *kanji* from among the choices given in parentheses.

1.(日，　口，　目，　月)曜日　Monday

2.(日，　口，　目，　月)曜日　Sunday

3.(日，　口，　目，　月)で　食べます。

4.(日，　口，　目，　月)で　見ます。

B. This is part of a September calendar. Complete the calendar by filling in the blanks with the correct *kanji*.

九月のカレンダー

日	月	火				
	一	二	三			

名前:＿＿＿＿＿＿＿＿＿＿＿＿＿＿＿＿＿

日付:＿＿＿＿＿＿＿＿＿＿＿＿＿＿＿＿＿

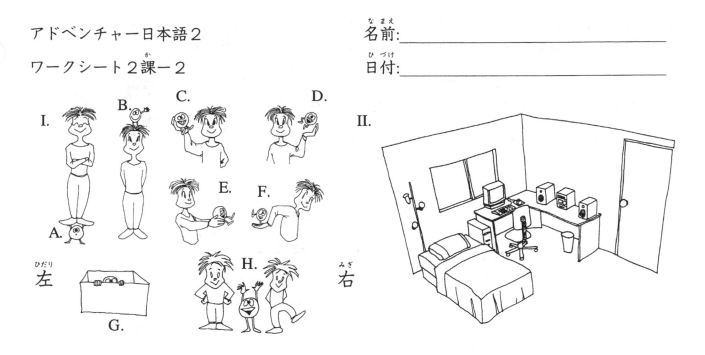

I. Look at the pictures on the left above. Match each sentence with the most appropriate picture.

1. ボールは　はこの　中です。 　　　　　　　　（　　）

2. ボールは　子どもの　間です。 　　　　　　　（　　）

3. ボールは　子どもの　左です。 　　　　　　　（　　）

4. ボールは　子どもの　前です。 　　　　　　　（　　）

5. ボールは　子どもの　右です。 　　　　　　　（　　）

6. ボールは　子どもの　下です。 　　　　　　　（　　）

7. ボールは　子どもの　後ろです。 　　　　　　（　　）

8. ボールは　子どもの　上です。 　　　　　　　（　　）

II. Examine the room above, then write T for true and F for false statements.

1. 電気スタンドは　机の　上に　あります。 　　（　　）

2. ごみ箱は　机の　下に　あります。 　　　　　（　　）

3. コンピューターは　窓の　そばに　あります。 （　　）

4. ベッドは　ドアの　ところに　あります。 　　（　　）

5. マウスは　キーボードの　左に　あります。 　（　　）

6. ステレオは　スピーカーの　間に　あります。 （　　）

二課

III. Mari went to visit her brother in his dormitory. Read the paragraph below. Locate each person's room on the sketch below. Write the appropriate letter in the correct space.

Choices:

A. まりさんのお兄さん　　B. 山本さん　C. 山川さん　D. 山下さん
E. 木下さん　　F. 星野さん　G. 川本さん　H. 山口さん　I. 山田さん

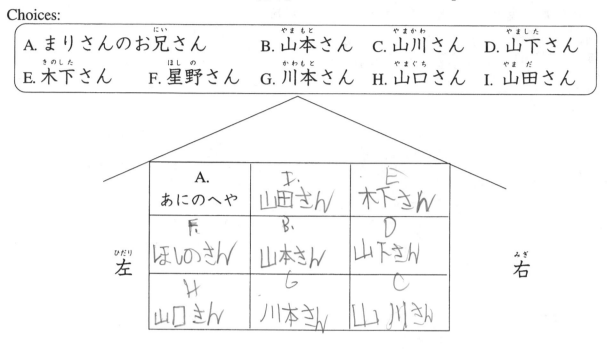

A. あにのへや	I. 山田さん	E. 木下さん
F. ほしのさん	B. 山本さん	D. 山下さん
H. 山口さん	G. 川本さん	C. 山川さん

左　　　　　　　　　　　　　　　　右

これは私の兄の大学の寮です。兄の部屋は山田さんの部屋の左にあって、星野さんの部屋の上にあります。星野さんの部屋は山本さんの部屋の左にあって、山口さんの部屋は星野さんの部屋の下にあります。川本さんの部屋は山口さんと山川さんの部屋の間にあって、山本さんの部屋の下にあります。山下さんの部屋は山川さんの部屋の上にあって、木下さんの部屋の下にあります。山田さんの部屋は木下さんの部屋の左にあります。山本さんの部屋は山田さんの部屋の下にあります。

IV. 漢字コーナー：Write the underlined *hiragana* in *kanji* and the underlined *kanji* in *hiragana*.

1. いっぽん、　さんぼん、　ごほん、　ななほん、　きゅうほん
　　一本　　　　三本　　　　五本　　　七本　　　九本

2. ふたり、　よにん、　ろくにん、　はちにん、　じゅうにん
　　二人　　　四人　　　六人　　　　八人　　　　十人

3. 木本さんのめはおおきいですが、くちはちいさいです。
　　きもと　　　　目　　　　　　　　口

4. あの人はアメリカ人ですか、日本人ですか。
　　ひと　　　　　　じん　　　　にほんじん

名前:＿＿＿＿＿＿＿＿＿＿＿＿＿＿＿＿

日付:＿＿＿＿＿＿＿＿＿＿＿＿＿＿＿＿

I. Circle the most appropriate word.

1. 赤ちゃんは （もう (まだ)) 一才です。　　The baby is still a year old.

2. 赤ちゃんは ((もう) まだ) 一才です。　　The baby is already a year old.

3. 赤ちゃんは （もう (まだ)) 一才じゃありません。　The baby is not yet a year old.

4. 赤ちゃんは ((もう) まだ) 一才じゃありません。　The baby is not a year old anymore.

II. Your Japanese friend just arrived from Japan. You want to ask the following questions, but the words you want to use are too formal. Change them to the dictionary forms so they are more informal.

Ex. ジュースを 飲みますか。　→ 飲む ＿＿＿＿ ？

1. この 雑誌を 読みますか。　→ 読む ＿＿＿＿ ？

2. いっしょに 遊びますか。　→ あそぶ ＿＿＿＿ ？

3. 今日 どこで 会いますか。　→ あう ＿＿＿＿ ？

4. 英語が わかりますか。　→ わかる ＿＿＿＿ ？

5. 冬休みに 日本に 帰りますか。　→ かえる ＿＿＿＿ ？

6. 今日 映画に 行きますか。　→ ~~いきけろ~~ いく ？

7. どんな CDを 聞きますか。　→ ~~聞こえた~~ きく ？

8. 今日 学校の プールで 泳ぎますか。　→ ~~およぎ~~ およぐ ？

9. うちで 英語を 話しますか。　→ はな~~もす~~す ？

10. 毎日 ご飯を 食べますか。　→ たべ~~た~~る ？

11. 何時に 寝ますか。　→ ね~~#~~る ？

12. 兄弟が いますか。　→ いる ＿＿＿＿ ？

13. 何時に 起きますか。　→ ~~おきた~~ おきる ？

14. 土曜日の 何時に ぼくの 家へ 来ますか。→ くる ＿＿＿＿ ？

15. 毎年 旅行を しますか。　→ する ＿＿＿＿ ？

二課

III. Read the passage below and answer the questions below.

> こんにちは。ぼくは木村ロビンで、オレゴンに住んでいます。１９
> ８９年から１９９５年まで、日本で英語を教えましたが、今、オレ
> ゴン大学に勤めています。ぼくは結婚していて、ワイフは日本人で、
> 名前はみち子です。ぼくは四十才で、ワイフは三十八才です。みち
> 子は主婦です。子供は二人います。クレッグは十才で、ユミは七才
> です。ぼくは姉と兄がいます。姉はジャッキーで、兄はランディで
> す。父のまことはカリフォルニアで生まれました。今も銀行で働い
> ています。母、のり子は日本で生まれました。祖父(父の父)、源太郎
> は山口で生まれましたが、{もう, まだ} 死にました。でも、祖母(父
> の母)、春子は{もう, まだ} 元気です。

1. Circle the correct word from the {もう, まだ} choices given in the two last sentences of the narrative.

2. Write the *hiragana* readings of the underlined *kanji* characters below.

   1989年 (　　) 　　今 (　　) 　　日本人 (　　　　)

3. Complete the writer's family tree with the letter of the correct name from among the choices given.

ロビンさんの　かぞく

Choices:
A. はるこ　　F. ユミ
B. まこと　　G. ジャッキー
C. のりこ　　H. ランディ
D. みちこ　　I. クレッグ
E. げんたろう　J. ロビン

おとこ

おんな

4. Read the following statements and write T for true and F for false based on the narrative.
(　　) a. ロビンさんの　おじいさんは　まだ　オレゴンに　すんで　います。
(　　) b. ロビンさんは　もう　日本で　しごとを　して　いません。
(　　) c. ロビンさんは　まだ　こどもが　いません。
(　　) d. ロビンさんの　おとうさんは　もう　しにました。

二課

20

名前:＿＿＿＿＿＿＿＿＿＿＿

日付:＿＿＿＿＿＿＿＿＿＿＿

I. What are following people's hobbies? Look at the pictures below and choose the most appropriate responses from among the choices given. Change the verbs to dictionary forms and add こと.

Choices: 本を読みます, サッカーをします, 歌を歌います, 食べます

Ex. 絵をかきます。 →　ゆみさんの趣味は　絵を　かくことです。

1. あきらさんの趣味は　<u>たべろことてす</u>　。

2. のぶきさんの趣味は　<u>サッカーを　するこてです</u>　。

3. まきさんの趣味は　<u>まんろことです　本を読すつこゝです</u>　。

4. ゆうたさんの趣味は　<u>うたう　うたうつてです</u>　。

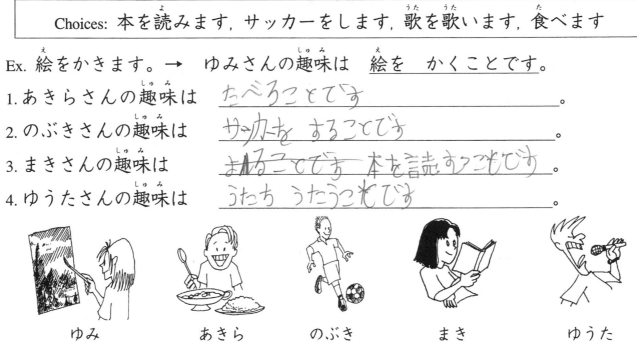

ゆみ　　　　　あきら　　　　のぶき　　　　まき　　　　ゆうた

II.　Read the following statements. If you agree with the statement, write T for true. If you disagree, write F for false.

1. (T) ダンスを　するのは　楽しいです。

2. (F) 日本語を　勉強するのが　好きです。

3. (T) 友だちと　話すのは　楽しいです。

4. (F) 趣味は　泳ぐことです。

5. (T) 漢字を　書くのは　つまらないです。

6. (T) 朝、早く　学校へ　来るのは　大変です。

III. Answer the following questions about yourself in Japanese.

1. 何を　するのが　好きですか。　<u>のがすきです テニスをするこてです</u>　。

2. 何を　することが　きらいですか。　<u>spinichをたべることです</u>　。

3. 趣味は　何ですか。　<u>テニスをするこてです のが</u>　。

二課

IV. Draw a picture of your room. Include five different objects. Write five sentences that correctly describe your sketch. Use five different position words from among words such as 上, 下, 中, 間, そば, ところ, 右, 左, 前, うしろ to describe the locations of the objects in your room.

1. _____

2. _____

3. _____

4. _____

5. _____

IV. 漢字コーナー：Write the underlined *kanji* in *hiragana* and the underlined *hiragana* in *kanji*.

1. 今年はなん年ですか。　　2. 私は中学三年生です。　　3. 今月は九月です。

4. 今日はいそがしいですが、今週の土曜日はひまです。

5. わたしは高校いちねん生です。　ことし、にほん語を勉強しています。

6. きょうはもくようびです。　いまからピアノのレッスンがあります。

I. Read Mari's story in Lesson 2 of the text. Circle T if the statement is true and F if the statement is false.

1. (T **F**) Mari is 15 years old.

2. (T **F**) Mari is a high school junior.

3. (**T** F) Mari likes baseball.

4. (**T** F) Mari was born in Tokyo.

5. (**T** F) Mari's family is living in Tokyo.

6. (**T** F) Both Mari's father and mother are working.

7. (T **F**) Mari's older sister is not married.

8. (**T** **F**) Mari's older brother has a one-year-old baby.

9. (**T** F) Mari's older brother is living in a college dormitory.

10. (**T** F) Mari is living at the Smith's house now.

11. (T **F**) The Smith's house is not very big, but it is pretty.

12. (T **F**) The Smiths have two cars.

13. (T **F**) There is no desk in Mari's room.

14. (**T** F) There is a white cat at the Smith's house and it is always sleeping in Mari's room.

15. (**T** F) There is a pool in the park in front of the Smith's house.

$\frac{13}{14}$

II. Answer these questions about yourself in Japanese.

1. 漢字をたくさん知っていますか。 ＿はい、たくさんしっています＿。

2. 今、ピアノを習っていますか。 ＿はい、ピアノをならっています＿。

3. 日本語のクラスで、あなたのとなりに、だれがすわっていますか。

＿はいのとなりケイトリンさん＿。

4. どんな人とけっこんしたいですか。 ＿わかりませんでした＿。

二課

III. Complete the following sentences by filling in each (   ) with the correct letter.

1. この 赤ちゃんは まだ （D）　　　A. 正しいです。

2. 私は 毎朝 公園で 　　（J）　　B. お金を 借りて います。

3. 父の 会社は 銀行から （B）　　C. ところで 待って いますね。

4. 兄は 大学の 寮に 　　（G）　　D. 一才です。

5. 私の 答えは たいてい （A）　　E. しょうかいします。

6. 両親の 趣味は 　　　　（H）　　F. 知って いますか。

7. 私の 友だちを 　　　　（E）　　G. 住んで います。

8. 漢字を いくつ 　　　　（F）　　H. 映画を 見ることです。

9. 六時に あの 木の 　　（C）　　I. あります。

10. 私の 家は 近くに 　　（I）　　J. 走って います。

IV. Fill in the (   ) with one correct *kanji* from the list below.

1. 今日は 金曜日ですから、明日は 　（　　）曜日です。

2. 山本さんは 日（　　）の 東京から 来ました。

3. （　　）、何時ですか。

4. のどが かわきました。お（　　）を 一杯 下さい。

5. （　　）が わるいから、よく 見えません。

6. お（　　）を わすれましたから、五ドル 貸して 下さい。

7. クリスマスは 十二（　　）二十五日です。

8. 私は 今 高校一（　　）生です。

金	年	土	今	水	目	本	月

名前:＿＿＿＿＿＿＿＿＿＿＿＿＿＿＿

日付:＿＿＿＿＿＿＿＿＿＿＿＿＿＿＿

You may not understand all the Japanese on the CD,
but use the context to help you comprehend as much as you can!

I. Look at the pictures below. Identify each person according to the descriptions you hear. Write the correct letter in the ( ).

A.　1.(AC)　山田さん

　　2.(D)　田中さん

　　3.(E)　山本さん

　　4.(A)　中本さん

　　5.(B)　木本さん

左　　　B. C. D.　　　E.　　右

B.　6.(B)　高田さん

　　7.(C)　上田さん

　　8.(E)　田代さん

　　9.(D)　町田さん

　10.(A)　川本さん

左　　　　　　A.　　　　　右

C.　11.(C)　水口さん

　12.(E)　けんいちくん

　13.(A)　今井さん

　14.(D)　たろうくん

　15.(B)　大山さん

二課

II. Look at the map below and match the correct locations with of each of the following places.

16. (A)   hospital

17. (B)   coffee shop

18. (C)   bank

19. (E)   dormitory

20. (D)   park

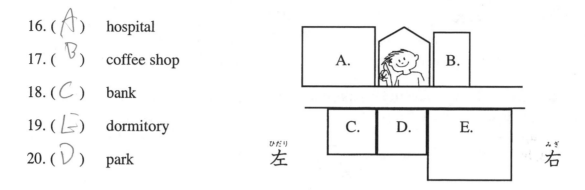

左<ruby>ひだり</ruby>   右<ruby>みぎ</ruby>

III. Listen to the self-introductions by two people and mark T for true statements and F for false statements.

Yukio: 21. (T   F)   Yukio was born in Canada.

22. (T   F)   Yukio is living in Osaka now.

23. (T   F)   Yukio is a high school student.

24. (T   F)   Yukio's father worked in Canada.

25. (T   F)   Yukio's mother is Japanese.

26. (T   F)   Yukio's parents got married in Canada.

27. (T   F)   Yukio's mother is learning Japanese in Osaka.

28. (T   F)   Yukio's older sister is a college student in Kobe.

29. (T   F)   Yukio's older sister lives in the dormitory and comes home every weekend.

30. (T   F)   Yukio speaks Japanese to his mother.

Aiko: 31. (T   F)   Aiko lives in Tokyo.

32. (T   F)   Aiko is a high school junior.

33. (T   F)   Aiko likes to play sports.

34. (T   F)   Aiko was working part-time at the bakery.

35. (T   F)   Aiko worked at the bakery from 8:00 a.m. to 4:00 p.m.

36. (T   F)   The bakery is near Aiko's house.

37. (T   F)   The bakery is very big and clean.

38. (T   F)   The bakery's breads are tasty and cheap.

39. (T   F)   There is a bank on the left side of the bakery and a hospital on the right side.

40. (T   F)   Aiko's legs hurt because of her job at the bakery.

Rewrite the self-introduction you wrote for Lesson 1. Include more information such as where you were born, where your family lives, where your parents work, location of your house and/or description of your room. Make effective use of the sentence structures you learned in this lesson. Use this page to brainstorm and outline your composition. Write your composition on *genkoyoshi* (Japanese composition paper). See the following pages for instructions on how to use *genkoyoshi*. Write more than one page, but no more than two pages.

<u>Brainstorm:</u>

<u>Outline:</u>
 Introduction:

 Body:

 Conclusion:

二課

How to use *genkoyoshi* (Japanese composition paper).

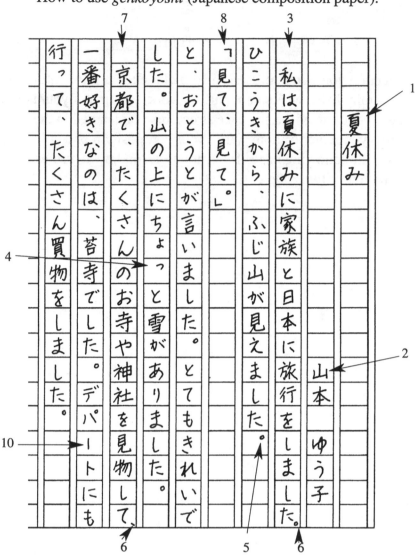

1. Title: Write on the first line. Leave three to four spaces at the top before writing the title.
2. Name: Write on the second line. Write your last name first. Leave a space and write your first name. Leave one space at the bottom of the line.
3. Body: Start writing your composition on the line following your name. Indent one space.
4. For small letters such as " っ " and " や," use one space and write them in the upper right part of the square.
5. Periods and commas: Use one space. Write in the upper right part of the square.
6. Do not write periods or commas at the beginning of a new line. Instead, write them at the bottom of the line within the space of the previous character, as indicated.
7. New paragraph: Indent one space.
8. When a sentence starts with ⌐ or ⌒ , use one space as indicated.
9. Do not use ∟ or ⌣ at the top of a new line. Instead, write it at the end of the sentence within the space of the previous character at the bottom of the sheet.
10. For *katakana* vowel lengthening, use │ as indicated. Use one space.

二課

28

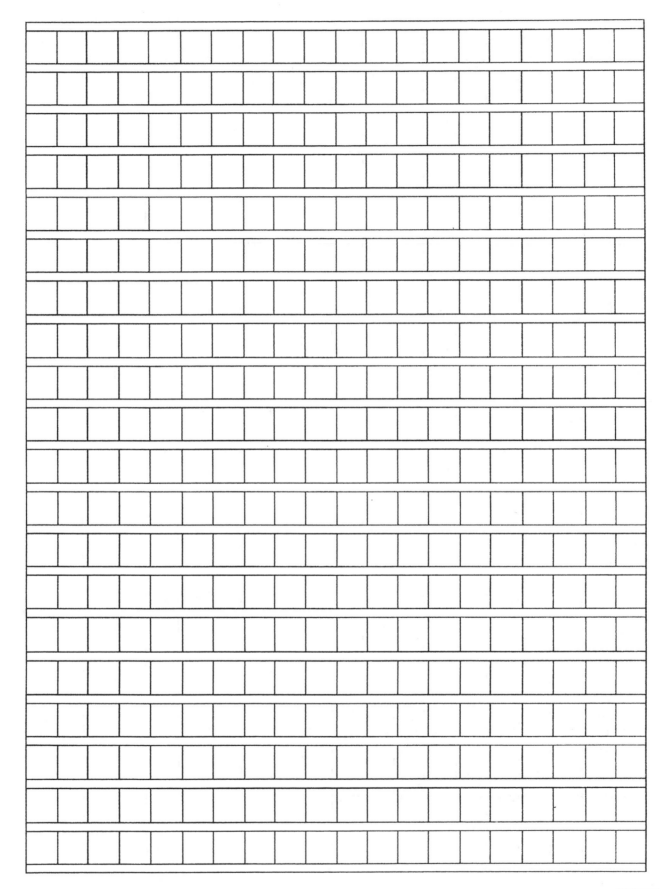

二課

アドベンチャー日本語２

ワークシート３課ー１

名前:____________________________

日付:____________________________

I. After studying the picture at the left, fill in the blanks with the correct verbs from the list below.

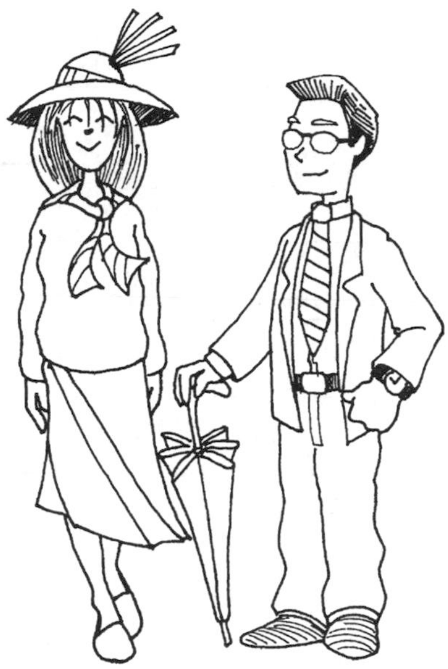

女の人は　ぼうしを　（ ~~かぶって~~ かぶって ）います。

スカーフを　（ ~~はって~~ ~~します~~ て ）います。

セーターを　（ きて ）います。

スカートを　（ ~~はいて~~ はいて ）います。

男の人は　めがねを　（ ~~もて~~ かけて ）います。

うわぎを　（ きて ）います。

うでどけいを　（ ~~[illegible]~~ して ）います。

かさを　（ もって ）います。

ズボンを　（ はいて ）います。

くつを　（ はいて ）います。

ベルトを　（ して ）います。

きて，はいて，もって，して，かけて，かぶって

II. Here is a description of how Ichiro dressed today. Draw Ichiro in the frame and color the picture.

一郎さんは背がとても高くて、ちょっとやせています。髪の毛は短いです。今日はガールフレンドと映画に行きます。一郎さんは右手に映画の切符を二枚持っています。一郎さんは黒と白のシャツを着ています。そして、茶色のパンツをはいています。くつは新しい黄色のスニーカーです。一郎さんはぼうしをかぶっています。ぼうしは青いです。一郎さんはサングラスをかけています。一郎さんは右の耳にピアスをしていて、金のネックレスもしています。一郎さんは左の手に緑色の時計をしています。

III. Choose a picture of a celebrity from a magazine and describe how the person is dressed. Attach the picture in the space below.

IV. 漢字コーナー： Choose the *kanji* from the box below that match the pictures and write them in the ( ).

( )　　　　( )　　　　( )　　　　( )　　　　( )

( )　　　　( )　　　　( )　　　　( )　　　　( )

目　木　本　日本人　上　口　水　下　金　私

名前:＿＿＿＿＿＿＿＿＿＿＿＿＿＿＿＿＿＿

日付:＿＿＿＿＿＿＿＿＿＿＿＿＿＿＿＿＿＿

I. Complete the following sentences by circling the sentence endings that correctly describe the rules at your school.

1. 学校でたばこを （すってはいけません, すってもかまいません）。

2. 日本語の教室でガムを （かんではいけません, かんでもかまいません）。

3. 教室の窓からごみを （すててはいけません, すててもかまいません）。

4. 一時半にうちへ （帰ってはいけません, 帰ってもかまいません）。

5. 図書館でぼうしを （かぶってはいけません, かぶってもかまいません）。

6. 学校でティーシャツを （きてはいけません, きてもかまいません）。

7. 教室でサングラスを （かけてはいけません, かけてもかまいません）。

8. 男の生徒の髪の毛は （長くてはいけません, 長くてもかまいません）。

9. ソックスは （赤くてはいけません, 赤くてもかまいません）。

10. 図書館で大きい声で （話してはいけません, 話してもかまいません）。

II. You are planning a birthday party for your good friend and ask for another friend's opinions. Fill in the blanks with the correct choice from the box below.

1. 誕生日の パーティーは 土曜日 （ で ） も いいですか。

2. 誕生日の プレゼントは 安 （ くて ） も いいですか。

3. パーティーで ダンスを し （ て ） も いいですか。

4. パーティーは うるさ （ くて ） も いいですか。

5. パーティーは あなたの うち （ で ） も いいですか。

6. パーティーは おそく 終わっ （ て ） も いいですか。

7. パーティーで 歌を 歌っ （ て ） も いいですか。

8. パーティーで ビールを 飲ん （ で ） も いいですか。

```
て　で　くて
```

三課

III. Complete the following short paragraph about Japanese schools. Fill in the blanks with the appropriate words from the list below.

日本の学校の（ きそく ）は　とてもきびしいです。ぜんぜん
（ じゆう ）ではありません。日本の学校で　ガムを（ かんで ）は
いけません。（ ぜったい ）、たばこを（ すって ）はいけません。

| かんで　ぜったい　きそく　すって　じゆう |

IV. Write two things you are not allowed to do in the following places.

1. 日本語の教室: _____

   _____

2. 図書館： _____

   _____

V. You want permission from your parents to do the following. How would you ask for their permission?

1. May I drive the car?

   _____

2. May I meet my friend at 10:00 p.m.?

   _____

VI. 漢字コーナー：Write the underlined *kanji* in *hiragana* and underlined *hiragana* in *kanji*.

1. 大下さんは　大変です。　大学生ですが、おもちゃ(toy)が　大好きです。

2. 妹は　目が　小さいです。　小学五年生で、十一才です。

3. きのしたさんは　にほんじんで、めも　くちも　ちょっと　ちいさいです。

4. いま　わたしの　ほんの　うえに　おおきい　ごきぶりが　います。

三課　　　　　　34

名前:＿＿＿＿＿＿＿＿＿＿＿＿＿＿＿＿

日付:＿＿＿＿＿＿＿＿＿＿＿＿＿＿＿＿

I. You go to different places in order to do certain things. Complete the sentences as in the example, telling what you do when you go to each place.

Ex. 図書館に　宿題を　<u>しに　行きます</u>。

1. 学校へ　勉強を　<u>しに 行きます</u>

2. 図書館へ　本を　<u>カリに 行きます</u>

3. カフェテリアへ　お昼を　<u>食べに 行きます</u>

4. 海へ　<u>水泳</u>

5. ショッピングセンターへ　＿＿＿＿＿＿＿＿＿＿＿

6. すし屋へ　＿＿＿＿＿＿＿＿＿＿＿

7. スーパーへ　＿＿＿＿＿＿＿＿＿＿＿

8. 映画館へ　＿＿＿＿＿＿＿＿＿＿＿

9. 東京へ　＿＿＿＿＿＿＿＿＿＿＿

10. 公園へ　＿＿＿＿＿＿＿＿＿＿＿

II. Name three places you have been to recently and the purpose for going to each place.

Ex. 私は　カナダへ　旅行に　行きました。

1. ＿＿＿＿＿＿＿＿＿＿＿＿＿＿＿＿＿＿＿＿＿＿＿

2. ＿＿＿＿＿＿＿＿＿＿＿＿＿＿＿＿＿＿＿＿＿＿＿

3. ＿＿＿＿＿＿＿＿＿＿＿＿＿＿＿＿＿＿＿＿＿＿＿

III. Your friend wants to do the following things, but does not know what he/she needs in order to do it. Give your friend advice.

Ex. 「ところで、日本へ　旅行に　行きたいんですが、何が　いりますか。」

　　「パスポートと　お金が　いりますよ。」

1. 「ところで、車を　運転したいんですが、何が　いりますか。」

＿＿＿＿＿＿＿＿＿＿＿＿＿＿＿＿＿＿＿＿＿＿＿＿＿＿

三課

2. 「フットボールの　試合を　見に　行きたいんですが、何が　いりますか。」

_____

3. 「図書館へ　本を　借りに　行きたいんですが、何が　いりますか。」

_____

4. 「大学へ　行きたいんですが、何が　いりますか。」

_____

IV. You want to ask your Japanese friend questions by e-mail about the clothing he/she is wearing at the moment. Write the following questions in Japanese.

1. Are you wearing a uniform?　_____

2. Are you wearing glasses?　_____

3. Are you wearing white socks?　_____

4. Are you wearing earrings?　_____

5. Are you wearing black shoes?　_____

V. 漢字コーナー： Write the underlined *kanji* in *hiragana* and the underlined *hiragana* in *kanji*.

1. 今年は　何年ですか。　今日は　何月　何日　何曜日ですか。

2. あの　人は　何人ですか。　きょうだいは　何人　いますか。

3. わたしは　ソファーの　うえで　くじごじゅっぷんごろ　ねました。

4. 「きのしたさんは　だいがくなんねんせいですか。」　「よねんせいです。」

5. みずぐちさんと　おおしたさんは　いい　ともだちです。

名前:＿＿＿＿＿＿＿＿＿＿＿＿＿＿＿＿＿＿＿

日付:＿＿＿＿＿＿＿＿＿＿＿＿＿＿＿＿＿＿＿

I. Mr. Oshita is a famous writer. His death was announced this morning by his family. A TV reporter went to his house. She reported the scene as follows. Provide more detail in the drawing below, using the information given in the report.

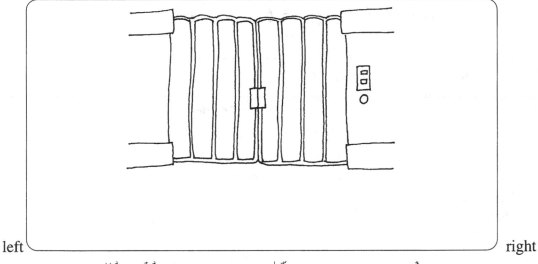

left ⎿＿＿＿＿＿＿＿＿＿＿＿＿＿＿＿＿＿＿＿＿⏌ right

ここは大下さんの家の前です。とても静かです。何も聞こえません。
大下さんの家の門のところに黒い犬が寝ています。門の右に赤い自動車
だけ見えます。車の中で男の人が新聞を読んでいます。この男の人は
ぼうしをかぶって、サングラスをかけています。門の左に大きい
ごみばこが見えます。

II. Circle はい or いいえ in response to each of the questions.

Ex. 「今日　あさごはんを　食べませんでしたか。」

　　「（はい, いいえ）、食べませんでした。」

1. 「宿題を　しませんでしたか。」「（はい, いいえ）、しましたよ。」

2. 「お母さんは　日本語を　話しませんか。」

　　「（はい, いいえ）、話しません。」

3. 「見えませんか。」「（はい, いいえ）、見えません。」

4. 「聞こえませんか。」「（はい, いいえ）、聞こえますよ。」

三課

5. 「食べても　かまいませんか。」

　「（はい，いいえ）、食べては　いけませんよ。」

III. Your dad and mom went away on a business trip and left specific instructions for the babysitter on the refrigerator. The babysitter is a young Japanese lady who does not understand English very well. Translate only the house rules into Japanese for the babysitter.

> Dear Michiko,
>
> Thank you for taking care of our children while we are in San Francisco. Here are some rules they have to follow every day. Please make sure that they follow them. Thank you and see you soon.
>
> House rules:
> 1. They are not allowed to go to the movies on Monday, Tuesday, Wednesday and Thursday.
> 2. They may go to the movies on Friday, Saturday and Sunday.
> 3. They may wear shorts on Friday.
> 4. They may go to their friends' houses on Friday and Saturday.
> 5. They are not allowed to drink coffee for breakfast.
> 6. They may use $5.00 for lunch at school every day. (use = つかいます)
> 7. They may not buy any snacks (おやつ) after school.
> 8. They may use the phone until 10:00 p.m.
> 9. They may not drive the car.
> 10. They may not use bad words.

きそく

1. _____

2. _____

3. _____

4. _____

5. _____

6. _____

7. _____

8. _____

9. _____

10. _____

三課　　　　　38

名前:＿＿＿＿＿＿＿＿＿＿＿＿＿＿＿＿＿

日付:＿＿＿＿＿＿＿＿＿＿＿＿＿＿＿＿＿

I. Read the dialogue from Lesson 3 in the text and circle True or False based on the information you read.

1. (True   False) ケンさんの学校でTシャツを着てもかまいません。

2. (True   False) ケンさんの学校でショートパンツをはいてはだめです。

3. (True   False) ケンさんの学校でショートパンツは短くてもいいです。

4. (True   False) ケンさんの学校でピアスをしてはいけません。

5. (True   False) ケンさんの学校で小さいピアスだけしてもいいです。

6. (True   False) ケンさんの学校の規則は自由です。

7. (True   False) 図書館は白い建物です。

8. (True   False) 図書館は遠いです。

9. (True   False) まりさんは図書館へ本を読みに行きたいです。

10. (True   False) 図書館の人はきびしいです。

11. (True   False) 図書館の中で話してもかまいません。

12. (True   False) ケンさんとまりさんは一時に門のところで会って、お昼を食べに行きます。

II. 漢字コーナー：

A. Write the *kanji* with the opposite meaning.   1. 上（　　） 2. 小（　　） 3. 中（　　）

B. Write the underlined *kanji* in *hiragana* and the underlined *hiragana* in *kanji*.

1. 中本さんは大学四年で、中国語をべんきょうしています。

2. ゆうべ外国人が二人プールのつめたい水の中でおよいでいました。

3. 兄はだい学生で、わたしはちゅう学生で、弟はしょう学生です。

三課

III. You received a letter from your Japanese penpal. Read the letter and write a reply in Japanese. Be sure to include answers to your penpal's questions.

はじめまして。私は中本まりこです。
どうぞよろしく。私は今年、中学三年で、十四さいです。おおさかにすんでいます。私はうたをうたうのが、大すきです。土曜日はいつもともだちとカラオケにいきます。でも、私はあまりうたがじょうずではありません。あなたは何年生ですか。そして、何さいですか。しゅみは何ですか。どこにすんでいますか。
がっこうについて、すこしききてもいいですか。私のがっこうにせいふくがあります。あなたのがっこうにもせいふくがありますか。私のがっこうのきそくはとてもきびしいですが、あなたのがっこうのきそくはどうですか。あなたのがっこうでは、ピアスをしてもいいですか。私のがっこうではだめです。
おてがみをください。まっています。おげんきでね。さようなら。

九月二十日　土曜日

中本まりこ

はじめまして。
　私は 四宮 アダムです。

_____

_____

_____

_____

_____

_____

_____

You may not understand all the Japanese on the CD,
but use the context to help you comprehend as much as you can!

I. Lisa and Ken are talking about the rules at their respective schools. Mark T for true and F for false for the following statements.

1. (T   F)   Lisa bought pierced earrings.
2. (T   F)   At Lisa's school, students can wear any type of earrings.
3. (T   F)   At Ken's school, students cannot wear any accessories.
4. (T   F)   At Ken's school, students cannot have permed hair.
5. (T   F)   At Ken's school, students can ride bicycles.
6. (T   F)   At Ken's school, students can bring a lot of money.
7. (T   F)   At Ken's school, students are not supposed to stop by anywhere after school.
8. (T   F)   At Lisa's school, students eat lunch in their classrooms.
9. (T   F)   At Ken's school, students eat lunch in their classrooms with their teachers.

II. Draw a picture of the person who is being described. Color your picture, too.

三課

III. Listen to the following conversation and complete the sentences by choosing the correct answer.

10. Last weekend, Mari went to (A. school   B. the library   C. the movie theater   D. the park).

11. Mari went there to (A. study   B. read a book   C. meet a friend   D. watch a movie).

12. Last weekend, Ken (A. went to the pool   B. stayed home   C. went to the library
    D. went to a movie theater).

13. (A. Mari   B. Ken   C. Both of them   D. Neither of them) have/has an exam today.

14. (A. Mari   B. Ken   C. Both of them   D. Neither of them) want/s to go to see a movie this
    weekend.

IV. Listen to the conversations between Ken and Mari. Choose the picture that best describes what is
    discussed in each conversation. For each conversation, also mark "Yes" if Mari agreed with Ken or
    "No" if Mari did not agree with Ken.

15. Picture (A.   B.   C.   D.   E.)   16. (A. Yes   B. No)
17. Picture (A.   B.   C.   D.   E.)   18. (A. Yes   B. No)
19. Picture (A.   B.   C.   D.   E.)   20. (A. Yes   B. No)
21. Picture (A.   B.   C.   D.   E.)   22. (A. Yes   B. No)
23. Picture (A.   B.   C.   D.   E.)   24. (A. Yes   B. No)

A.

B.

C.

D.

E.

三課

42

3課　作文：「学校のきそく」

名前:＿＿＿＿＿＿＿＿＿＿＿＿＿＿＿＿

日付:＿＿＿＿＿＿＿＿＿＿＿＿＿＿＿＿

Write a composition about your school rules. Are your school rules liberal? What behaviors are absolutely not allowed at your school? Is there a school uniform? What kind of clothing, hair styles and accessories are not allowed? What rules are there in your Japanese class? What rules do you like and what rules do you dislike?

　Use this page to brainstorm and outline your composition. Then write your composition on the *genkoyoshi* provided. Follow the rules for using *genkoyoshi*. Write more than one page, but no more than two pages.

　Use sentence structures you have learned recently.

Brainstorm:

Outline:

Introduction:

Body:

Summary:

三課

How to use *genkoyoshi* (Japanese composition paper).

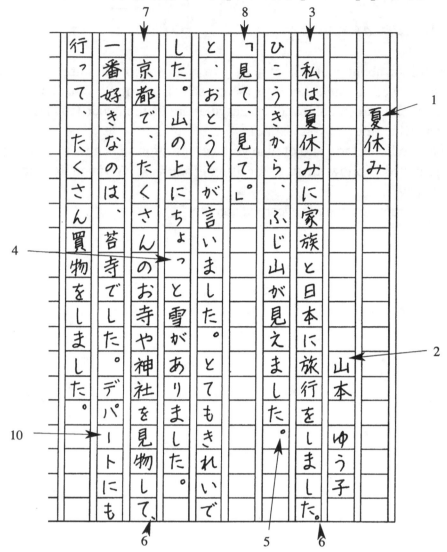

1. Title: Write on the first line. Leave three to four spaces at the top before writing the title.
2. Name: Write on the second line. Write your last name first. Leave a space and write your first name. Leave one space at the bottom of the line.
3. Body: Start writing your composition on the line following your name. Indent one space.
4. For small letters such as " っ " and " ゃ ," use one space and write them in the upper right part of the square.
5. Periods and commas: Use one space. Write in the upper right part of the square.
6. Do not write periods or commas at the beginning of a new line. Instead, write them at the bottom of the line within the space of the previous character, as indicated.
7. New paragraph: Indent one space.
8. When a sentence starts with ⌐ or ⌒, use one space as indicated.
9. Do not use ∟ or ⌣ at the top of a new line. Instead, write it at the end of the sentence within the space of the previous character at the bottom of the sheet.
10. For *katakana* vowel lengthening, use │ as indicated. Use one space.

三課   44

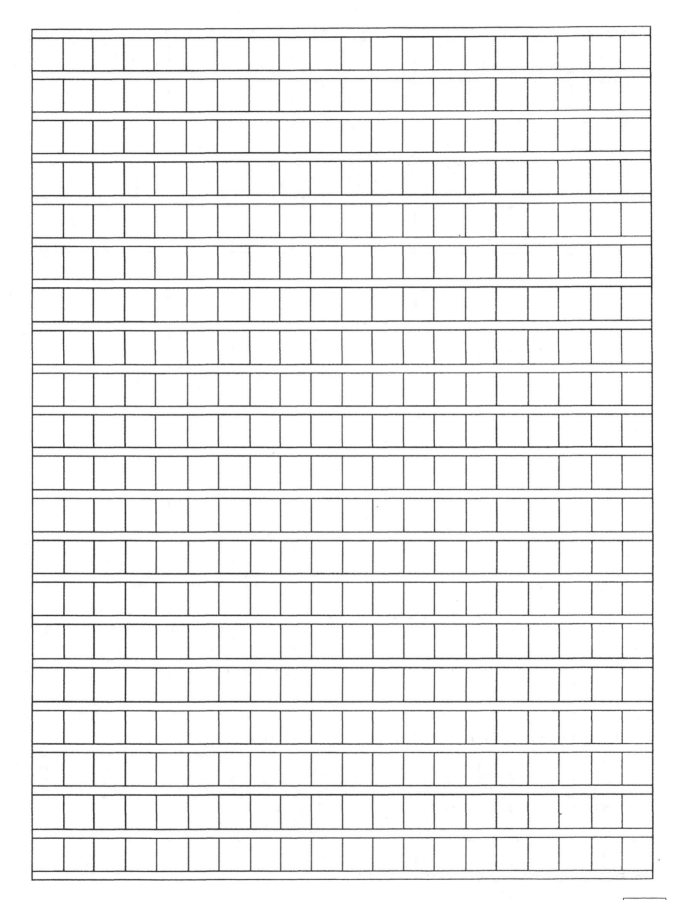

三課

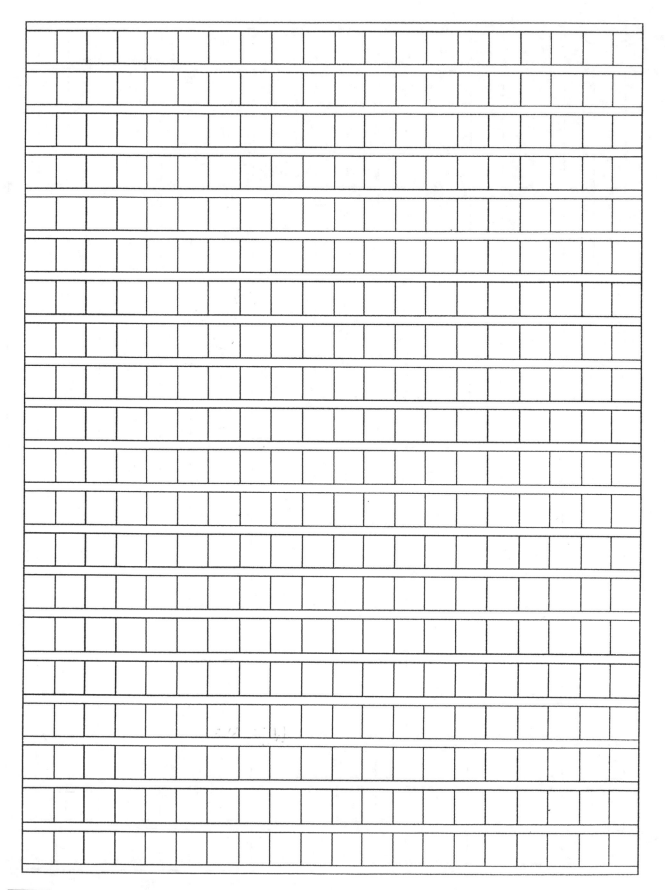

名前:＿＿＿＿＿＿＿＿＿＿＿＿＿＿＿＿＿＿＿＿

日付:＿＿＿＿＿＿＿＿＿＿＿＿＿＿＿＿＿＿＿＿

I. Your Japanese friend has just arrived from Japan. You want to invite your friend to do the following, but don't want to sound formal. Change them to the informal NAI form.
   [Review: 〜ませんか。 Won't you 〜? (invitation)]

Example: ジュースを　飲みませんか？　→　<u>飲まない？</u>

1. 雑誌を　読みませんか。　→　<u>よまない</u>　＿＿＿＿＿＿？

2. これから　遊びませんか。　→　<u>あそばない</u>　＿＿＿＿＿？

3. 友達に　会いませんか。　→　<u>あわない</u>　＿＿＿＿＿＿？

4. ちょっと　立ちませんか。　→　<u>たたない</u>　＿＿＿＿＿＿？

5. 今　家に　帰りませんか。　→　<u>帰らない</u>　＿＿＿＿＿＿？

6. 走りませんか。　→　<u>走らない</u>　＿＿＿＿＿＿？

7. CDを　聞きませんか。　→　<u>聞かない</u>　＿＿＿＿＿＿？

8. 海へ　行きませんか。　→　<u>行かない</u>　＿＿＿＿＿＿？

9. 少し　歩きませんか。　→　<u>歩かない</u>　＿＿＿＿＿＿？

10. 海で　泳ぎませんか。　→　<u>泳がない</u>　＿＿＿＿＿＿？

11. 友達と　話しませんか。　→　<u>話さない</u>　＿＿＿＿＿＿？

12. お昼ご飯を　食べませんか。　→　<u>食べない</u>　＿＿＿＿＿＿？

13. 映画を　見ませんか。　→　<u>見ない</u>　＿＿＿＿＿＿？

14. 家へ　来ませんか。　→　<u>来ない</u>　＿＿＿＿＿＿？

15. 買い物を　しませんか。　→　<u>しない</u>　＿＿＿＿＿＿？

四課

II. You recently purchased the car pictured below. You are talking to your friend on the phone and your friend asks the questions below. Choose the appropriate answer based on the picture below.

1. 「その車　大きい？」 「（A. うん、大きい。　⒝ ううん、大きくない。）」

2. 「その車　小さい？」 「（Ⓐ うん、小さい。　B. ううん、小さくない。）」

3. 「その車　高い？」 「（A. うん、高い。　B. ううん、高くない。）」

4. 「その車　安い？」 「（Ⓐ うん、安い。　B. ううん、安くない。）」

5. 「その車　黒い？」 「（Ⓐ うん、黒い。　B. ううん、黒くない。）」

6. 「その車　赤い？」 「（A. うん、赤い。　Ⓑ ううん、赤くない。）」

7. 「その車　速い？」 「（A. うん、速い。　Ⓑ ううん、速くない。）」

8. 「その車　おそい？」 「（Ⓐ うん、おそい。　B. ううん、おそくない。）」

9. 「その車　古い？」 「（Ⓐ うん、古い。　B. ううん、古くない。）」

10. 「その車　新しい？」 「（A. うん、新しい。　Ⓑ ううん、新しくない。）」

11. 「その車　いい？」 「（A. うん、いい。　Ⓑ ううん、よくない。）」

12. 「その車　悪い？」 「（Ⓐ うん、悪い。　B. ううん、悪くない。）」

III. 漢字コーナー： Write the underlined *kanji* in *hiragana* and underlined *hiragana* in *kanji*.

1. 来週の　金曜日から　旅行をしますから、月曜日に　銀行へ　行きます。
   らい　　きんようび　りょこう　　　　　　げつようび　ぎんこう　い

2. 今年は　中学三年生ですが、来年は　高校一年生です。
   ことし　ちゅうがくさんねんせい　らいねん　いちこうねんせい

3. 「土曜日に　学校へ　来る？」「ううん、来ない。」
   どようび　　　　　　　く　　　　　　　　こ

4. らいねん、わたしは　にほんへ　いきたいです。
   来年　　私　　　日本　　　行

四課

48

アドベンチャー日本語２

ワークシート４課ー２

名前:_____

日付:_____

I. Match the messages with the signs at each location below. Circle the correct word in the braces for each message.

1.(I)　たばこを　{すって, (すわないで)}　下さい。

2.(E)　ここで　{(およいでは), およがないで}　いけません。

3.(H)　この　いすに　{(すわって), すわらないで}　下さい。

4.(B)　ごみは　この中に　{(すてて), すてないで}　下さい。

5.(D)　はなを　{とって, (とらないで)}　下さい。　(とる = to pick)

6.(C)　ライオンに　たべものを　{(やって), やらないで}　下さい。

7.(A)　まどから　てや　かおを　{だして, (ださないで)}　下さい。

8.(F)　しばふの　上を　{あるいて, (あるかないで)}　下さい。

　　　　(しばふ = lawn)

9.(G)　この　たてものの　中に　{はいって, (はいらないで)}で} 下さい。

A.

B.

C.

D.

E.

F.

G.

H.

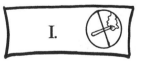
I.

四課

II. Choose the most appropriate adverb form from the choices given. Fill in the blanks.

＜教室で＞

先生：木下さん（　　　　　　　）来ましたね。ちこくですよ。

　　　皆さん、うるさいですよ。（　　　　　　　）して下さい。

　　　山田さんの　漢字は　きたないです。（　　　　　　　）書いて下さい。

　　　紙は　たくさん　ありますから、（　　　　　　　）使って下さい。

```
じゆうに，　おそく，　きれいに，　しずかに
```

先生：宿題を（　　　　　　　）出して下さい。

　　　山川さん、声が　小さいですよ。（　　　　　　　）聞こえません。

　　　中島くんの　字は　小さいですねえ。（　　　　　　　）書いて下さい。

　　　宮本くん、（　　　　　　　）立たないで下さい。

```
はやく，　大きく，　きゅうに，　よく
```

III. 漢字コーナー：　Write the underlined *kanji* in *hiragana* and underlined *hiragana* in *kanji*.

1. 外に　大きい　車と　小さい　車が　あります。

2. 水口さんの　子どもは　自動車や　自転車が　大好きです。

3. わたしは　おおきい　がいしゃに　のりたいです。

4. 「いま　こどもが　なんにん　いますか。」

　　「ひとり　います。しょう学校さんねん生です。」

I. A student from Japan is visiting your high school for a day. You don't want him to get into trouble with your teachers, so when you see him doing the following things in class, you tell him politely not to do so using ～ないでください and ～てはいけません.

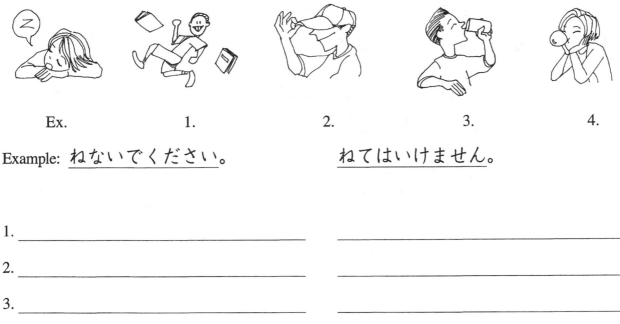

Ex.   1.   2.   3.   4.

Example: <u>ねないでください。</u>   <u>ねてはいけません。</u>

1. ＿＿＿＿＿＿＿＿＿＿＿＿＿＿＿＿＿   ＿＿＿＿＿＿＿＿＿＿＿＿＿＿＿＿＿

2. ＿＿＿＿＿＿＿＿＿＿＿＿＿＿＿＿＿   ＿＿＿＿＿＿＿＿＿＿＿＿＿＿＿＿＿

3. ＿＿＿＿＿＿＿＿＿＿＿＿＿＿＿＿＿   ＿＿＿＿＿＿＿＿＿＿＿＿＿＿＿＿＿

4. ＿＿＿＿＿＿＿＿＿＿＿＿＿＿＿＿＿   ＿＿＿＿＿＿＿＿＿＿＿＿＿＿＿＿＿

5. ＿＿＿＿＿＿＿＿＿＿＿＿＿＿＿＿＿   ＿＿＿＿＿＿＿＿＿＿＿＿＿＿＿＿＿

6. ＿＿＿＿＿＿＿＿＿＿＿＿＿＿＿＿＿   ＿＿＿＿＿＿＿＿＿＿＿＿＿＿＿＿＿

7. ＿＿＿＿＿＿＿＿＿＿＿＿＿＿＿＿＿   ＿＿＿＿＿＿＿＿＿＿＿＿＿＿＿＿＿

8. ＿＿＿＿＿＿＿＿＿＿＿＿＿＿＿＿＿   ＿＿＿＿＿＿＿＿＿＿＿＿＿＿＿＿＿

9. ＿＿＿＿＿＿＿＿＿＿＿＿＿＿＿＿＿   ＿＿＿＿＿＿＿＿＿＿＿＿＿＿＿＿＿

5.   6.   7.   8.   9.

II. Fill in the blanks according to the English cues given. Then choose the most appropriate particles from among the choices given. X means no particle is required.

1. 友達は　きのう　＿＿＿＿＿＿＿＿＿＿＿＿＿(driver's license) (A. に　B. を　C. で)

　　取りましたから、(A. まだ　B. もう)　運転する (A. X　B. を　C. の) は

　　＿＿＿＿＿＿＿＿＿＿(scary)です。

2. 「スピード (A. に　B. を　C. で) 出さないで　下さい。

　　次 (A. の　B. を　C. で)　＿＿＿＿＿＿＿(corner) (A. の　B. を　C. で)

　　右 (A. に　B. を　C. で)　まがって　下さい。

　　＿＿＿＿＿＿＿(signal) (A. の　B. を　C. で)　急に　止まらないで　下さい。」

3. ＿＿＿＿＿＿＿(accident)です。　＿＿＿＿＿＿＿(policeman)が　来ました。

4. 今　友達と　＿＿＿＿＿＿＿(ambulance) (A. に　B. を　C. で)　乗って、

　　病院 (A. に　B. を　C. で)　行って　います。

　　＿＿＿＿＿＿＿(dangerous)ですから、＿＿＿＿＿＿＿(be careful)　下さい。

5. 病院 (A. に　B. を　C. で)　つきましたよ。

　　＿＿＿＿＿＿＿(ambulance) (A. に　B. から　C. で)　おりましょう。

　　お医者さん (A. に　B. の　C. で)　所 (A. に　B. を　C. で)　行きましょう。

IV. 漢字コーナー：Write the underlined kanji in hiragana and the underlined hiragana in kanji.

1. 私は　今　中学三年生です。　夕子ちゃんは　小学生です。

2. きょうは　げつようびですから、がっこうへ　いきます。

3. 「なんで　がっこうへ　きますか。」「くるまで　きます。」

アドベンチャー日本語２　　　　　　名前: _____

ワークシート４課ー４　　　　　　日付: _____

I. You are a school bus driver. Tell the students the following things in Japanese.

1. Do not throw garbage out the window.

　まどから _____

2. Do not eat ice cream.

　_____

3. Do not talk loudly.

　大きいこえで _____

4. Do not chew gum.

　_____

5. Do not stand.

　_____

6. Do not write on the window.

　まどに _____

7. Do not sing loudly.

　大きいこえで _____

8. Do not fight.

　_____

II. You are a student riding a bus on your way to a sports event with your team. Tell the bus driver and your coach the following things.

1. Do not speed.

　_____

2. Do not turn the corner quickly.

　_____

3. Do not stop suddenly.

　_____

4. Do not smoke.

　_____

5. Do not drink beer.

　_____

53

四課

III. Answer the following questions in Japanese.

1. もう　うんてんしても　いいですか。

_____

2. もう　うんてんめんきょを　もって　いますか。

_____

3. どんな車が　ほしいですか。

_____

4. どんな車が　うんてんしたいですか。

_____

5. いつも　シートベルトを　して　いますか。

_____

6. お母<ruby>母<rt>か あ</rt></ruby>さんの　うんてんは　あぶないですか。あんぜんですか。

_____

7. めがねを　かけて　いますか。コンタクトレンズを　して　いますか。

_____

8. 学校へ　何を　しに　行きますか。

_____

9. 友<ruby><rt>とも</rt></ruby>だちに　しゅくだいの　こたえを　おしえませんでしたか。

_____

IV. 漢字<ruby><rt>かん じ</rt></ruby>コーナー：Write the underlined *kanji* in *hiragana* and the underlined *hiragana* in *kanji*.

1. 外を　見て　下さい。　大きい　外車が　ありますよ。

2. 今日　学校で　何を　食べましたか。

3. この　車の　中は　あまり　良くないです。

4. あねは　カリフォルニアへ　だいがくを　みに　いきました。

5. わたしは　ちいさいですが、たくさん　たべます。

アドベンチャー日本語２　　　　　　　　名前：＿＿＿＿＿＿＿＿＿＿＿＿＿＿＿

ワークシート４課ー５　　　　　　　　　日付：＿＿＿＿＿＿＿＿＿＿＿＿＿＿＿

I. Read Mari and Ken's dialogue from the text. Then answer the following questions in Japanese.

1. ケンさんはいつ運転免許を取りましたか。　＿＿＿＿＿＿＿＿＿＿＿＿＿＿＿

2. まりさんとケンさんはどこへ行きましたか。　＿＿＿＿＿＿＿＿＿＿＿＿＿

3. そこへ何をしに行きましたか。　＿＿＿＿＿＿＿＿＿＿＿＿＿＿＿

4. ケンさんの運転はどうですか。　＿＿＿＿＿＿＿＿＿＿＿＿＿＿＿

5. どうして救急車やパトカーがいましたか。　＿＿＿＿＿＿＿＿＿＿＿＿＿

II. Study the pictures below. Write what you think the woman is telling the driver in each of the
situations.

1. きゅうに　＿＿＿＿＿＿＿＿＿＿＿＿＿＿＿＿＿＿＿＿。

2. かどを　きゅうに　＿＿＿＿＿＿＿＿＿＿＿＿＿＿＿＿。

3. きいろの　しんごうで　＿＿＿＿＿＿＿＿＿＿＿＿＿＿＿＿＿。

4. スピードを　＿＿＿＿＿＿＿＿＿＿＿＿＿＿＿＿＿。

5. 大きい　こえで　＿＿＿＿＿＿＿＿＿＿＿＿＿＿＿＿。

6. まえを　よく　＿＿＿＿＿＿＿＿＿＿＿＿＿＿＿＿＿。

1.　　　　　　　　　2.　　　　　　　　　3.

4.　　　　　　　　　5.　　　　　　　　　6.

55

四課

III. Write one *kanji* in each parenthesis.

1. 私は　毎日　学(　　　　)へ　車で　行きます。

2. 今、　(　　　　)時ですか。

3. 今日　おひるごはんに　ハンバーガーを　(　　　)べました。

4. この　土曜日に　いっしょに　えいがを　(　　　)に　行きませんか。

5. あした　私の　家へ　あそびに　(　　　)ませんか。

6. あねは　今　大学二(　　　)生です。

7. 私は　日(　　　)語が　あまり　上手ではありません。

8. 私の　あたまは　あまり　(　　　)くないです。

9. のどが　カラカラです。お(　　　)が　のみたいです。

10. すみません、一ドル　かして　下さい。
　　お(　　　)を　家に　わすれました。

You may not understand all the Japanese on the CD,
but use the context to help you comprehend as much as you can!

I. Listen to the conversation. Choose the picture which best matches each situation.

1. (A. B. C. D. E.) 2. (A. B. C. D. E.) 3. (A. B. C. D. E.)

4. (A. B. C. D. E.) 5. (A. B. C. D. E.)

Pictures for 1 - 5.

A.   B.   C.   D.   E.

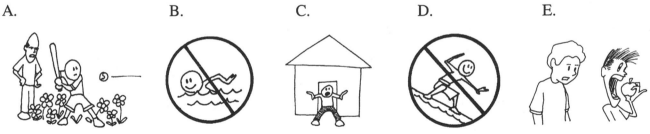

6. (A. B. C. D. E.) 7. (A. B. C. D. E.) 8. (A. B. C. D. E.)

9. (A. B. C. D. E.) 10. (A. B. C. D. E.)

Pictures for 6 - 10.

A.   B.   C.   D.   E.

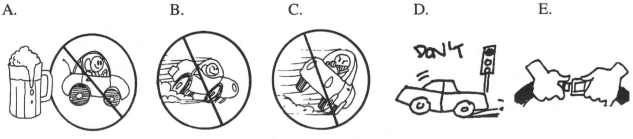

11. (A. B. C. D. E.) 12. (A. B. C. D. E.) 13. (A. B. C. D. E.)

14. (A. B. C. D. E.) 15. (A. B. C. D. E.)

Pictures for 11 - 15.

A.   B.   C.   D.   E.

四課

16. (A. B. C. D. E.)   17. (A. B. C. D. E.)   18. (A. B. C. D. E.)
19. (A. B. C. D. E.)   20. (A. B. C. D. E.)
Pictures for 16 - 20.

A.   B.   C.   D.   E.

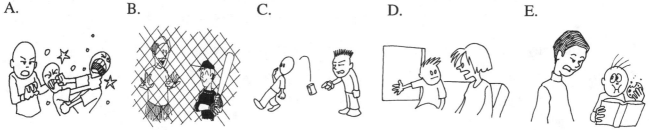

II. Ken is talking to Mr. Yamada on the phone. Mr. Yamada is coming to the city where Ken is living. Circle the correct responses based on the conversation.

21. Mr. Yamada is coming to the place where Ken lives on the (A. 4th B. 8th C. 9th D. 10th).

22. Mr. Yamada will come on (A. Monday B. Tuesday C. Wednesday D. Thursday).

23. Mr. Yamada's flight number is JAL (A. 67 B. 69 C. 73 D. 76).

24. Mr. Yamada's plane will leave from (A. Tokyo B. Osaka C. Nagoya D. Fukuoka).

25. Mr. Yamada's plane will leave the airport at (A. 6:00 a.m. B. 8:00 a.m. C. 6:00 p.m.
    D. 8:00 p.m.)

26. Mr. Yamada's plane will arrive at the airport at (A. 6:30 B. 7:30 C. 8:30 D. 9:30) a.m.

27. Ken will meet Mr. Yamada at the (A. gate B. parking lot C. baggage claim D. house).

III. Listen to the conversation between Ken and Mr. Yamada. Mark A for true statements and B for false statements.

28. (A. True   B. False)   There is a basketball game tonight.

29. (A. True   B. False)   The game will start at 7:30 p.m.

30. (A. True   B. False)   Ken and Mr. Yamada decided to go to see the game.

31. (A. True   B. False)   Ken got his driver's license last Thursday.

32. (A. True   B. False)   Ken is going to drive his father's car.

33. (A. True   B. False)   Ken is going to drive a red car.

34. (A. True   B. False)   Ken thinks he drives safely.

35. (A. True   B. False)   Mr. Yamada thinks Ken drives safely.

36. (A. True   B. False)   Ken will pick up Mr. Yamada at 6:00 p.m.

37. (A. True   B. False)   Mr. Yamada will wait for Ken in front of the house.

四課   58

名前:＿＿＿＿＿＿＿＿＿＿＿＿＿＿＿＿＿

日付:＿＿＿＿＿＿＿＿＿＿＿＿＿＿＿＿＿

I. You and your four Japanese friends, みか, まり, さち子 and たかし have just arrived at a Japanese family restaurant. Everyone looks at the menu and decides what to order. (See the menu that follows.) Earlier, you had announced that you would treat everyone, so you must ask each person what he/she wants. Since みか and まり are older than you, you must use the formal speech style. On the other hand, さち子 and たかし are younger, long-time friends, so you should use the informal style with them. Using the menu, write a dialogue between you and your guests. Make sure that each person orders two items.

[Formal Style]

You: みかさん、何に　しますか。

みか: うん...そうですね。ツナサラダと　トマトジュースに　します。

You: ＿＿＿＿＿＿＿＿＿＿＿＿＿＿＿？

まり: ＿＿＿＿＿＿＿＿＿＿＿＿＿＿＿＿＿

＿＿＿＿＿＿＿＿＿＿＿＿＿＿＿＿＿

[Informal Style]

You: さち子さん、何に　する？

さち子: うん...そうね。私は　ざるそばと　いちごパフェに　する。

You: ＿＿＿＿＿＿＿＿＿＿＿＿＿？

たかし: うん...そうだね。＿＿＿＿＿＿＿＿　＿＿＿＿＿＿＿

＿＿＿＿＿＿＿＿＿＿＿＿＿＿＿＿＿

II. Now it is your turn to order, but you can't decide on what you want. As your four friends look again at the menu to help you decide, they each make a comment about an item on the menu based on how it appears to them. Write down their comments in Japanese using the adjectives in the 〜そう form. You finally decide what to order in the last sentence.

みか: てんぷらが　おいしそうですよ。

まり: チーズピザは　＿＿＿＿＿＿＿＿＿＿＿＿＿。　(大きい)

さち子: 親子どんぶりは　＿＿＿＿＿＿＿＿＿＿＿＿。　(いい)

たかし: すし定食は　＿＿＿＿＿＿＿＿＿＿＿＿。　(おいしい)

You: 私は＿＿＿＿＿＿＿＿＿＿＿＿＿＿＿＿に　します。

五課

III. Help Wanted! A Japanese family restaurant wants to hold a promotional sale next week in which customers can receive two items at one low discount price if the two are ordered as a set. However, the Japanese family restaurant is having trouble deciding which two items should be paired together for this discount. Help them by writing suggestions on which food and drink or dessert to pair together. Use the particle に. Also write a reasonable suggested price for the paired items.

Ex. <u>ビーフカレーに　アメリカンコーヒーで　８５０えんです。</u>

1. _____

2. _____

3. _____

IV. Answer the questions based on the today's weather.

1. 今日、雨がふりそうですか。　_____

2. 今日、寒そうですか。　_____

V. Write the underlined *kanji* in *hiragana* and the underlined *hiragana* in *kanji*.

1. <u>大山</u>さんは　<u>車</u>の　スピードを　<u>出</u>すのが　すきです。

2. <u>学校</u>の　<u>出口</u>は　どこですか。

3. ふじ<u>さん</u>の　ちかくに　<u>かわ</u>が　ありますか。

VI. What do you think the following *kanji* combinations mean?

1. 下山（げざん）　_____　2. 川上（かわかみ）　_____

VII. 文化ノート: Complete the following sentences based on the Cultural Notes section.

1. ざるそば noodles are made from _____ and _____.

2. ざるそば usually comes accompanied by a small dish of

_____ , condiments such as _____ and _____ ,

and are sprinkled with _____ .

3. ざるそば is usually served in the _____ (season).

五課

60

メニュー

あさごはん （月曜日から土曜日まで午前11時まで）

ホットケーキ	３００円	フレンチトースト	３００円
バタートースト（ジャムつき）	２００円	ハムとコーンのオムレツ	５００円
モーニングセット（トースト、ミニサラダ、ゆでたまご、コーヒーつき）			４００円

お食事 （毎日まで午前11時から）

セットにはスープかミニサラダと、ライスかパンと、
アイスクリームかシャーベットと、コーヒーかこうちゃが　つきます。

ステーキ	１０００円	ステーキセット	１３００円
ハンバーグ	８００円	ハンバーグセット	１１００円
コロッケ	６００円	コロッケセット	９００円
カキフライ	９００円	カキフライセット	１２００円
ライス	１５０円	パン	１５０円

スープとサラダ

コーンスープ	３００円	今日のスープ	３００円
グリーンサラダ	３００円	ツナサラダ	３５０円

ピザとパスタとカレー

ツナとコーンのピザ	５００円	チーズピザ	４００円
ハムとパイナップルのピザ	５００円		
スパゲッティーミートソース	６００円	和風たらこスパゲッティー	６００円
スパゲッティーボンゴレ	６００円		
ビーフカレー	６００円	チキンカレー	６００円

うどん、そば、ラーメン、やきそば

肉うどん	４５０円	月見うどん	４００円
ざるそば	３５０円	きつねうどん	３５０円
ラーメン	３５０円	やきそば	４００円

五課

和食

定食はごはんとみそしるとつけものつきです。

とんかつ	７００円	とんかつ定食	１０００円
てんぷら	７００円	てんぷら定食	１０００円
さしみ	８００円	さしみ定食	１１００円
すし（１０こ）	９００円	すし定食	１２００円
焼き鳥（5本）	６００円	焼き鳥定食	９００円
焼き肉	７００円	焼き肉定食	１０００円
みそしる	２００円	ごはん	１００円

どんぶり

親子どんぶり	６００円	牛どん	７００円
天どん	７００円	かつどん	７００円

デザート

プリン	３５０円	アイスクリーム	３５０円
シャーベット	３５０円	チーズケーキ	３５０円
チョコレートケーキ	３５０円	チョコレートサンデー	６００円
いちごパフェ	５５０円	あんみつ	５００円

お飲み物

アメリカンコーヒー	３５０円	コーヒー	３５０円
アイスコーヒー	３５０円	紅茶	３５０円
ミルク	３００円	トマトジュース	３５０円
オレンジジュース	４００円	コーラ	３５０円
ウーロン茶	３５０円	ココア	４００円
クリームソーダ	４５０円	レモンスカッシュ	４００円

I. Read the following sentences about your Japanese class and write T for true and F for false.

1. 日本語を　話さなければ　なりません。　　　（　　　）

2. 日本語を　話さなくても　いいです。　　　（　　　）

3. 漢字を　書かなければ　いけません。　　　（　　　）

II. Answer the following questions using 〜なければなりません or 〜なくてもいいです

1. 何時に　起きなければ　なりませんか。

＿＿＿＿＿＿＿＿＿＿＿＿＿＿＿＿＿＿＿＿＿＿＿。

2. 毎朝　何時までに　学校へ　来なければ　なりませんか。

＿＿＿＿＿＿＿＿＿＿＿＿＿＿＿＿＿＿＿＿＿＿＿。

3. 今晩　日本語の　宿題を　しなければ　なりませんか。

＿＿＿＿＿＿＿＿＿＿＿＿＿＿＿＿＿＿＿＿＿＿＿。

4. 今日　何時に　帰らなければ　なりませんか。

＿＿＿＿＿＿＿＿＿＿＿＿＿＿＿＿＿＿＿＿＿＿＿。

5. 今日　バスに　乗らなければ　なりませんか。

＿＿＿＿＿＿＿＿＿＿＿＿＿＿＿＿＿＿＿＿＿＿＿。

6. 今日　歯医者に　行かなければ　なりませんか。

＿＿＿＿＿＿＿＿＿＿＿＿＿＿＿＿＿＿＿＿＿＿＿。

III. Write the underlined *kanji* in *hiragana* and the underlined *hiragana* in *kanji*.

1. 先生の　子どもは　先月　生まれました。

2. おとうとは　小学生で、いもうとは　中学一年生です。

3. せんしゅう、わたしの　がっこうの　せいとが　にほんへ　いきました。

五課

IV. "Advice to a Penpal." You have been corresponding with a Japanese friend who just started a homestay in Oregon. She is enjoying her stay, but writes to you with many questions regarding her new American lifestyle. Match each of her problems with the most appropriate advice.

PROBLEM:

( )	1. えいがを 見に 行きたいんです。うんてんめんきょが なくても、車を うんてんしても いいですか。
( )	2. 来週 ホストファミリーの 友達の パーティーへ 行きますが、着る ドレスが 何も ないんです。お金も ないし、どう しましょう...
( )	3. 近くの 大学の 図書館で 本を 借りたいんですが、何が いりますか。
( )	4. 金曜日に 友達と いっしょに レストランへ 行きますが、チップを おかなければ なりませんか。
( )	5. 来週、友達の ダンスパーティーへ 行きたいんですが、少し とおいです。 パーティーは 午前一時までですが...
( )	6. 日曜日に ホストファミリーと いっしょに 教会(church)へ 行きますが、教会の 中で サングラスを かけても いいですか。

ADVICE:

A. そうですね。しょうめいしょを 見せなければ なりませんね。
B. そうですね。十五パーセントぐらい テーブルの 上に おいて 下さい。
C. それは だめですね。サングラスは 外だけで かけましょう。
D. おそいですね。ホストファミリーの お父さんと お母さんに 聞かなければ なりませんね。
E. こまりましたね。きれいな ドレスを 借りなければ いけません。
F. あぶないですから、ぜったいに だめですよ。タクシーか バスで 行かなければ なりません。

五課

名前:＿＿＿＿＿＿＿＿＿＿＿＿＿＿＿＿＿＿

日付:＿＿＿＿＿＿＿＿＿＿＿＿＿＿＿＿＿＿

I. Ken has many things to do as part of his daily routine. Complete the following sentences by converting the verb in the (　) to its 〜なければなりません form.

1. 六時に ＿＿＿＿＿＿＿＿＿＿＿＿＿＿＿＿＿＿＿。（おきます）

2. そして、朝ご飯を ＿＿＿＿＿＿＿＿＿＿＿＿＿＿＿。（食べます）

3. 六時半に　家を ＿＿＿＿＿＿＿＿＿＿＿＿＿＿。（出ます）

4. 七時に　学校へ ＿＿＿＿＿＿＿＿＿＿＿＿＿＿。（行きます）

5. 学校の　あと　家へ ＿＿＿＿＿＿＿＿＿＿＿＿。（帰ります）

6. 家で　宿題を ＿＿＿＿＿＿＿＿＿＿＿＿＿＿。（します）

7. 十時ごろに ＿＿＿＿＿＿＿＿＿＿＿＿＿＿＿。（寝ます）

II. It is Saturday. Ken does not have to do the following things. Complete the following sentences by converting the verb in the (　) to the 〜なくてもいいです form.

1. 英語の　本を ＿＿＿＿＿＿＿＿＿＿＿＿＿＿＿。（読みます）

2. 勉強を ＿＿＿＿＿＿＿＿＿＿＿＿＿＿＿。（します）

3. 早く ＿＿＿＿＿＿＿＿＿＿＿＿＿。（寝ます）

4. 日本語を ＿＿＿＿＿＿＿＿＿＿＿＿。（話す）

5. 漢字を ＿＿＿＿＿＿＿＿＿＿＿＿＿＿。（書きます）

III. Write the underlined *kanji* in *hiragana* and the underlined *hiragana* in *kanji*.

1. 「山の　上に　何人　人が　いますか。」　　「九人います。」

2. 「あの　人の　目は　あおいです。何人ですか。」　　「カナダ人です。」

3. 「かわもとさんの　おかあさんは　いま　てんぷらを　たべています。」

4. 「ちちは　くるまの　なかで　きぶんが　わるく　なりました。」

五課

IV. Restate the following sentences in Japanese using the sentence patterns below.

Verb (TE form) +	みます。	will try doing 〜.
	みましょう。	Let's try doing 〜.
	みませんか。	Would you like to try doing 〜 ? [Invitation]
	みてください。	Please try doing 〜. [Request]
	みたいです。	I want to try doing 〜.

1. Would you like to try eating this chocolate?

_____。

2. Please try wearing these red shoes.

_____。

3. I want to try learning to ski (スキー) this year.

_____。

4. This Japanese food looks delicious! Let's try eating a little.

_____。

5. This dress looks a little small. I'll try wearing a different (ほかの) dress.

_____。

1.　　　　　2.　　　　　3.　　　　　4.　　　　　5.

V. Circle T for true and F for false based on fact.

1.(T F) 日本のレストランでチップを置かなければなりません。

2.(T F) 日本でうどんを静かに食べなくてもいいです。

3.(T F) 日本のレストランでお勘定を払わなくてもいいです。

4.(T F) お金を借りました。お金を返さなくてもいいです。

5.(T F) アメリカのレストランでチップを１５パーセントぐらい

　　　　　あげなければいけません。

五課　　　　　　66

名前:＿＿＿＿＿＿＿＿＿＿＿＿＿＿＿＿＿＿

日付:＿＿＿＿＿＿＿＿＿＿＿＿＿＿＿＿＿＿

I. Read the following dialogue and use the most appropriate words or expressions from the box below to complete the sentences. Write the correct letter in the (   ). Circle the correct particle choice in the brackets.

ウェイトレス: (1.   )、何人さまですか。

　　ケン: 二人です。

ウェイトレス: どうぞ　(2.   ) へ。　(3.   ) を　どうぞ。

<The waitress gives a menu to each customer.> <After a while.>

ウェイトレス: (4.   ) は？

　　ケン: ぼくは　にぎりずし {A.を　B.に} します。

　　まり: じゃ、私は　親子どんぶり {A.を　B.に} します。

ウェイトレス: (7.   ) ？　(Anything else?)

　　ケン: (8.   )。

<After a while.>

ウェイトレス: どうぞ。　　<Serve food.>

　　ケン: <To Mari.> にぎりずしを　一つ　(9.   ) ？

　　まり: いいえ、(10.   )。とても (11.   )。

　　ケン: 今日は　ぼくが　(12.   )。

　　まり: どうも　ありがとう。

　　ケン: <To the waitress.> (13.   )、(14.   )。

ウェイトレス: ありがとうございました。あちらの　レジで　(15.   )。

Choices:

A. いらっしゃいませ	B. おかんじょうを　おねがいします
C. こちら	D. おなかが　いっぱいです
E. メニュー	F. ごちゅうもん　　　G. ほかに　何か
H. 食べてみませんか	I. それだけ　　　　　J. ごちそうします
K. すみません	L. おねがいします　　M. けっこうです

五課

II. Write a short dialogue about what you have to do and what you don't have to do in order to prepare for the given events.

Ex. A: 明日　誕生パーティーですね。

B: ええ、食べ物を　たくさん　買わなければ　なりません。

A: 飲み物も　買わなければ　なりませんか。

B: いいえ、飲み物は　たくさん　ありますから、

買わなくても　いいです。

1. A: 明日　大事な　バスケットの　試合が　ありますね。

B: _____

A: _____

B: _____

2. A: 明日　日本語の　試験が　ありますね。

B: _____

A: _____

B: _____

III. Write the underlined *hiragana* in *kanji*.

1. 「きょうは　なんようび　ですか。」　「どようびですよ。」

2. 「なんにちに　いきましょうか。」　「いつかは　よくないです。」

3. がっこうの　そとに　ちいさい　とりが　ろくわ　います。

4. おかあさんと　おとうさんは　まいにち　なにを　しますか。

5. せんせい、すみません。　おおきく　かいて　ください。

五課　　68

I. Read the dialogue from Lesson 5 of the text and circle T for true or F for false based on the conversation.

1. (T F) ケンさんと　まりさんは　予約を　しませんでした。

2. (T F) ケンさんは　お腹が　ぺこぺこでした。

3. (T F) まりさんは　にぎりずしだけ　注文しました。

4. (T F) ケンさんは　親子どんぶりだけ　注文しました。

5. (T F) 日本の　レストランでは　うどんは　はしで　食べなければ

なりません。

6. (T F) ケンさんは　まりさんの　にぎりずしを　一つ　食べました。

7. (T F) ケンさんは　にぎりずしが　苦手です。

8. (T F) チップは　１５パーセントぐらい　置かなければ　なりません。

9. (T F) ケンさんは　さいふを　忘れましたから、まりさんから

お金を　借りました。

III. 文化ノート

1. How does "American food" become "Japanized" at a Japanese-owned restaurant?

＿＿＿＿＿＿＿＿＿＿＿＿＿＿＿＿＿＿＿＿＿＿＿＿＿＿＿＿＿＿＿＿＿＿＿＿＿

2. Where is *tempra* originally from?

＿＿＿＿＿＿＿＿＿＿＿＿＿＿＿＿＿＿＿＿＿＿＿＿＿＿＿＿＿＿＿＿＿＿＿＿＿

3. Write one Japanese manner that is different from your culture.

＿＿＿＿＿＿＿＿＿＿＿＿＿＿＿＿＿＿＿＿＿＿＿＿＿＿＿＿＿＿＿＿＿＿＿＿＿

4. Which Japanese food would you like to try? Why?

＿＿＿＿＿＿＿＿＿＿＿＿＿＿＿＿＿＿＿＿＿＿＿＿＿＿＿＿＿＿＿＿＿＿＿＿＿

五課

III. Using the pictures as reference, write an appropriate Japanese word or phrase in the parentheses below. Each answer should contain at least two *kanji*.

1. (   )

2. (   )

3. Well done!
   (   )

4. teacher
   (   )

5. school
   (   )

6. college student
   (   )

7. every day
   (   )

8. father and mother
   (   )

9. foreign car
   (   )

10. (   )

11. (   )

12. (   )

13. under the tree
   (   )

14. in the tree
   (   )

15. big eyes
   (   )

16. my book
   (   )

名前〔なまえ〕:＿＿＿＿＿＿＿＿＿＿＿＿＿＿＿＿＿＿＿

日付〔ひづけ〕:＿＿＿＿＿＿＿＿＿＿＿＿＿＿＿＿＿＿＿

You may not understand all the Japanese on the CD,
but use the context to help you comprehend as much as you can!

I. Two Japanese children are playing "restaurant." One child plays the waitress and the other child is the customer. Is the child playing the waitress handling the restaurant work correctly? Circle T for correct statements and F for incorrect statements.

1. (T F)　2. (T F)　3. (T F)　4. (T F)　　5. (T F)
6. (T F)　7. (T F)　8. (T F)　9. (T F)　10. (T F)

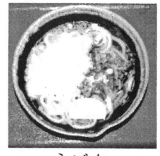

うどん
￥３８０

肉うどん
￥４８０

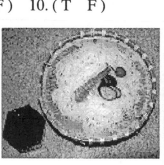

そうめん
￥４２０

ざるそば
￥４５０

ラーメン　￥５００

やきそば
￥４８０

 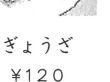 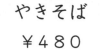

ぎょうざ
￥120

やきとり
￥２２０

おや子どんぶり
￥６２０

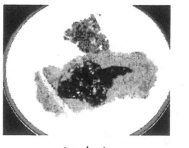

とんかつ
￥５８０

にぎりずし
￥２２００

II. Listen to the conversation and choose the correct answer from among the choices given.

11. Mr. Tanaka (A. had a reservation B. did not have a reservation).

12. They are going to eat (A. lunch B. dinner C. brunch).

13. (A. Mr. Tanaka B. Ms. Yamada C. Both of them D. Neither of them) ordered water.

14. (A. Mr. Tanaka B. Ms. Yamada C. Both of them D. Neither of them) is/are going to pay the bill.

15. Mr. Tanaka ordered (A. salad B. pork cutlet C. curry rice D. pork cutlet and salad
    E. curry rice and salad).

16. Mr. Yamada ordered (A. salad B. pork cutlet C. curry rice D. pork cutlet and salad
    E. curry rice and salad).

III. Listen to the conversation. Read the following statements about the conversation.
    Mark A for true and B for false.

17. (A. True   B. False) Yumi's school has uniforms.

18. (A. True   B. False) Takashi's school does not have uniforms.

19. (A. True   B. False) Takashi has to wear black shoes to school.

20. (A. True   B. False) Yumi can wear any kind of shoes to school.

21. (A. True   B. False) Takashi's school is strict.

22. (A. True   B. False) Yumi's school is also very strict.

23. (A. True   B. False) Takashi can go to school by bicycle.

24. (A. True   B. False) Takashi cannot take a lot of money to school.

IV. Listen to the passage and complete the following statements by choosing the most appropriate
    answer from among the choices given.

25. Mariko went to a department store to (A. shop B. eat C. meet her friend D. meet her mother).

26. The restaurant she went to was (A. in B. outside C. next to) the department store.

27. Mariko went to a restaurant because it was (A. Mariko's B. Mariko's mother's C. Mariko's
    father's) birthday.

28. Yesterday Mariko's mother (A. had to B. did not have to) cook dinner.

29. Mariko wore a white dress because (A. she went to a department store B. she wanted to wear it
    C. she went to a good restaurant).

30. Mariko wore a pair of (A. black B. red C. white) sandals.

31. Mariko (A. had B. did not have) reservations.

32. Mariko ate (A. *sushi* B. *tenpura* C. *sushi* and *tenpura*).

33. Mariko drank (A. water B. tea C. cola).

34. Mariko's mother ate (A. *sushi*   B. *tenpura* C. *sushi* and *tenpura*).

35. The food at the restaurant was (A. delicious B. so, so C. not delicious).

五課

I. Look at the pictures below and find the matching sentence for each picture. Fill in the blanks with the appropriate verb in its correct form.

1.(　) 母は料理が上手で、おいしいケーキを ＿＿＿＿＿＿ことが出来ます。

2.(　) 兄は日本の歌を ＿＿＿＿＿＿ことが出来ますよ。

3.(　) ぼくはスケートボードを上手に ＿＿＿＿＿＿ことが出来ません。

4.(　) 弟はギターをよく ＿＿＿＿＿＿ことが出来ます。

5.(　) 山田先生は上手に ＿＿＿＿＿＿ことが出来ました。

6.(　) 昨日、プールで二マイル ＿＿＿＿＿＿ことが出来ました。

7.(　) 今、口がいっぱいで ＿＿＿＿＿＿ことが出来ません。

8.(　) 妹は英語の本を ＿＿＿＿＿＿ことが出来ません。

9.(　) 今日バスケットの試合を ＿＿＿＿＿＿ことが出来ませんでした。

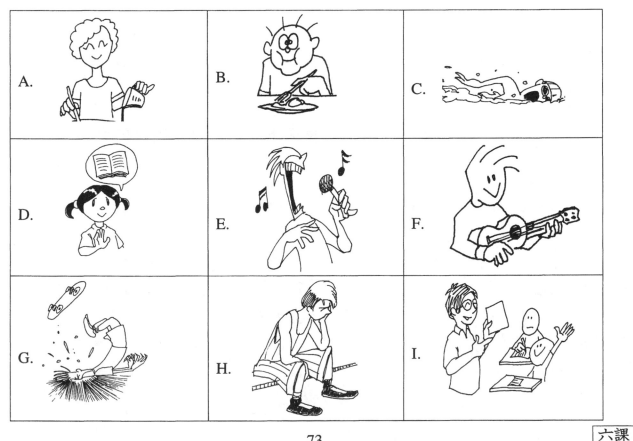

六課

II. Match the pictures with the statements listed at the right.

A.   B.   C.

D.   E.   F.

G.   H.   I.

1.(　) 歯が　痛いんです。

2.(　) のどが　痛いんです。

3.(　) お腹が　痛いんです。

4.(　) 頭が　痛いんです。

5.(　) 足が　痛いんです。

6.(　) 熱が　あるんです。

7.(　) 声が　変なんです。

8.(　) 風邪を　ひきました。

9.(　) 母が　病気です。

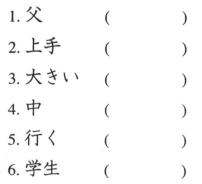

III. Connect a sentence from the left column with one from the right to form a logical sentence.

1. お腹が痛くて、　　　　（　　） 　A. 学校へ行かなければなりません。

2. 風邪をひきましたけど、　（　　） 　B. 上手に歌うことが出来ません。

3. 試験が毎日あって、　　　（　　） 　C. 食べることが出来ません。

4. 声が変で、　　　　　　　（　　） 　D. 走ることが出来ません。

5. 足が痛くて、　　　　　　（　　） 　E. ストレスがいっぱいです。

IV. 漢字コーナー：

A. Write the correct kanji for each body part.

B. Write a kanji word with the opposite meaning in the (　).

1. 父　　　　（　　　　　）

2. 上手　　　（　　　　　）

3. 大きい　　（　　　　　）

4. 中　　　　（　　　　　）

5. 行く　　　（　　　　　）

6. 学生　　　（　　　　　）

六課

74

名前:_____

日付:_____

I. You try to call your friend Yumi Noguchi at her home. Choose the most appropriate dialogue endings from the box below.

1. You: もしもし、野口さんのお宅ですか。

   Yumi: はい、そうです。

   You: ゆみさん、いらっしゃいますか。

   Yumi: はい、_____。

2. You: もしもし、野口さんのお宅ですか。

   Tanaka: いいえ、ちがいますよ。

   You: ごめんなさい。_____。

3. You: もしもし、野口さんのお宅ですか。

   Mrs. Noguchi: はい、そうです。

   You: ゆみさん、いらっしゃいますか。

   Mrs. Noguchi: はい、ちょっと待って下さい。ゆみ、ゆみ。

   Yumi: もしもし、_____。私、ゆみです。

4. You: もしもし、野口さんのお宅ですか。

   Mrs. Noguchi: はい、そうです。

   You: ゆみさん、いらっしゃいますか。

   Mrs. Noguchi: 残念ですが、ゆみは 今 _____。

5. You: (The line is busy.) また _____。

A. るすです。　B. 話し中です。　C. まちがえました。

D. かわりました。　E. 私ですが...

六課

II. You want to call Ichiro Suzuki in Japan. Complete the following dialogue in Japanese.

You: _____。

      Hello, is this Mr. Suzuki's residence?

Mrs. Suzuki: はい、そうです。

You: _____、_____。

      This is (your name).   Is Ichiro there?

Mrs. Suzuki: はい、ちょっと待って下さいね。

III. You are living at the Tanabe's residence in Tokyo. When you arrived home at the Tanabes on Saturday, there were several telephone messages. You listen to them and must decide what to do based on the instructions from the messages. Match the messages with what you must do, then choose the correct answers from the ( ) below.

4. けんさん、ゆみです。今ばんハじごろでんわしてね。はなしを聞いてほしいんだけど。

3. けん、お母さんよ。今日ちょっとおそくなるから、ばんごはんは何か食べておいてね。

2. けん、おれだよ。あきらだ。今ばん、えいがに行かないか。こわいけど、おもしろそうなんだ。五じごろまたでんわするよ。またな。

1. けん、お父さんだよ。プロやきゅうのしあいのきっぷをもらったんだけど、行くか。今ばんのしあいだけど、七じからはじまるよ。四じまでにかいしゃにでんわをかけてくれ。

____ I have to call my (father mother) by (4 5 7 8) o'clock.

____ I have to call (Yumi Akira) by (4 5 7 8) o'clock.

____ (Yumi Akira) will call me at around (4 5 7 8) o'clock.

____ My mother told me to (eat wait for) dinner.

IV. 漢字コーナー：

A. Complete the sentences by filling in the blanks with the correct *kanji* from the box. Use each once only.

1. ____で 漢字を ____きます。

2. ____で ____ます。

3. ____で ____きます。

4. ____で ____べます。

耳	口	手	目
聞	食	書	見

六課

I. What are you planning to do this winter vacation? Circle the correct answers based your plans.

1. 冬休みに　スキーに　（行く　行かない）つもりです。

2. 冬休みに　たくさん　映画を　（見る　見ない）つもりです。

3. 冬休みに　よく　（寝る　寝ない）つもりです。

4. 冬休みに　よく　勉強を　（する　しない）つもりです。

5. 冬休みに　たくさん　本を　（読む　読まない）つもりです。

II. Using the pictures as cues, write complete sentences describing each activity using つもり.

1.＿＿＿＿＿＿＿＿＿＿＿＿＿＿＿＿＿＿＿＿＿＿。

2.＿＿＿＿＿＿＿＿＿＿＿＿＿＿＿＿＿＿＿＿＿＿。

3.＿＿＿＿＿＿＿＿＿＿＿＿＿＿＿＿＿＿＿＿＿＿。

4.＿＿＿＿＿＿＿＿＿＿＿＿＿＿＿＿＿＿＿＿＿＿。

5.＿＿＿＿＿＿＿＿＿＿＿＿＿＿＿＿＿＿＿＿＿＿。

III. Write two things that you are planning to do and two things you do not plan to do during winter vacation.

Two things I plan to do: ＿＿＿＿＿＿＿＿＿＿＿＿＿＿＿＿＿＿＿＿＿＿＿＿＿＿＿

＿＿＿＿＿＿＿＿＿＿＿＿＿＿＿＿＿＿＿＿＿＿＿＿＿＿＿

Two things I do not plan to do: ＿＿＿＿＿＿＿＿＿＿＿＿＿＿＿＿＿＿＿＿＿＿＿

＿＿＿＿＿＿＿＿＿＿＿＿＿＿＿＿＿＿＿＿＿＿＿＿＿＿＿

六課

IV. Read the story below and answer the following questions by choosing はい or いいえ.

土曜日は大輔の誕生日でしたから、私の家でパーティーをしました。太郎は来るはずでしたが、風邪で来ませんでした。太郎はパーティーでピアノをひくはずでしたが、ざんねんでした。義男はおすしを買って、持って来るはずでしたが、おすしをわすれました。ひろ子は歌を練習して、パーティーでカラオケを教えるはずでしたが、風邪で声が変で、歌うことが出来ませんでした。きよみは、テープを借りるはずでしたが、テープを借りるのをわすれました。ひどいパーティーでした。

1. 太郎はパーティーに来るつもりでしたか。 　　　　　　　　　(はい　　いいえ)

2. 太郎はパーティーに来ましたか。 　　　　　　　　　　　　　(はい　　いいえ)

3. 太郎はパーティーでピアノをひきましたか。 　　　　　　　　(はい　　いいえ)

4. 義男はパーティーにおすしを持って来ましたか。 　　　　　　(はい　　いいえ)

5. ひろ子はパーティーで歌を歌うつもりでしたか。 　　　　　　(はい　　いいえ)

6. きよみはパーティーにテープを持って来ましたか。 　　　　　(はい　　いいえ)

V. 漢字コーナー：アンダーラインのひらがなを漢字で書いて下さい。

1. やまもとせんせいは　わたしの　がっこうの　おんなの　せんせいです。

2. おとうさんは　こんしゅう　しごとで　にほんへ　いって　います。

3. ははは　たべることと　テレビを　みることが　だいすきです。

4. 「おおしたさんは　なにが　じょうずですか。」

　　「すこし　がいこくごが　できます。」

六課　　　　　　　　　　　　78

I. Fill in the blanks with the correct time words from the list at the right.

1. 一年は十二（　　　　）です。

2. 一年は三百六十五（　　　　）です。

3. 一カ月は三十（　　　　）か三十一（　　　　）です。

4. 一週間は七（　　　　）です。

5. 一日は二十四（　　　　）です。

6. 一時間は六十（　　　　）です。

分 (ふん, ぷん, ぶん)

時間 (じかん)

日 (にち)

週間 (しゅうかん)

カ月 (かげつ)

年 (ねん)

II. Answer the questions by filling in the blanks with the correct numbers using *kanji*.

1. 「感謝祭 (Thanksgiving) のお休みは何日間ですか。」「（　　　　）日間です。」

2. 「冬休みは何週間くらいですか。」「（　　　　）週間ぐらいです。」

3. 「日本語の授業は何分ですか。」「（　　　　）分です。」

4. 「一週間は何日ですか。」「（　　　　）日です。」

5. 「夏休みは何カ月ぐらいですか。」「（　　　　）カ月ぐらいです。」

6. 「今、何度ぐらいですか。」「（　　　　）度ぐらいです。」

7. 「昨日、何時間ぐらい寝ましたか。」「（　　　　）時間ぐらい寝ました。」

III. Given the accompanying translations, circle the correct particles in the sentences below. Use X if no particle is required.

1. 「山田さんは　風邪（で, から）学校（で, を）三日（も, X）休みました。」

   "Mr. Yamada was absent from school as long as three days because of a cold."

2. 「私は熱（は, が）高くて、一日（で, に）三度（も, X）薬を飲まなければ

  なりません。」

   "I have a high fever and I have to take medication as often as three times per day."

3. 「一日（で, に）どのぐらい（に, X）家（で, に）勉強しますか。」

   "How long do you study at home per day?"

  「だいたい（X, に）一日（で, に）二時間（に, X）勉強します。」

   "I study approximately two hours per day."

六課

IV. Here is a story about Takashi, who went to Hawaii on a family trip. Read the story and circle T for true and F for false for each of the statements below.

ハワイへ一週間のパッケージツアーに出かけました。両親と妹と一緒でした。ぼくたちの飛行機は、成田を午後九時に出ました。日本の午後九時はホノルルの午前二時です。ホノルルに午前九時ごろに着きました。飛行機の中で全然寝ることが出来ませんでしたから、とても疲れていました。空港からホテルまでバスで三十分ぐらいでした。ホテルはワイキキにあって、ホテルの部屋からは青い海が見えました。私と妹は、すぐホテルで水着を着て、近くの海へ歩いて行きました。ぼくはよく泳ぐことが出来ますが、妹はあまり泳ぐことが出来ません。ぼくはスノーケルをしてみましたが、あまり魚は見えませんでした。サーフィンもしてみたかったんですが、ちょっとこわかったから、しませんでした。妹はだいたい砂の上で寝ていました。妹は夏に一カ月水泳のクラスを取って、水泳を練習してハワイの海で泳ぐつもりでしたが、まだ上手に泳ぐことが出来ませんでした。ぼくたちは一時間でホテルに帰るはずでしたが、三時間も海にいました。その夜、日焼けで体が痛かったです。次の日にぼくはサーフィンをしてみました。とても楽しかったです。毎年ハワイに行きたいです。

1. (T F) Takashi went to Hawaii for one month.
2. (T F) Takashi's flight took seven hours from Narita to Honolulu.
3. (T F) Takashi slept well on the plane.
4. (T F) The bus Takashi's family rode took half an hour to get to the hotel.
5. (T F) The hotel where Takashi stayed was near the beach.
6. (T F) Takashi snorkeled and surfed in Hawaii on the first day.
7. (T F) Takashi's sister took swimming lessons for one month in Japan and could swim well.
8. (T F) Takashi and his sister stayed at the beach for three hours so they were in pain from their sunburn.

アドベンチャー日本語２

ワークシート６課ー５

名前:＿＿＿＿＿＿＿＿＿＿＿＿

日付:＿＿＿＿＿＿＿＿＿＿＿＿

I. Read the conversation from Lesson 6 of the text and answer the following questions.

1. (True   False)   Mari called Ken at home.

2. (True   False)   When Mari called Ken, Ken picked up the phone.

3. (True   False)   Ken has been absent for a week.

4. (True   False)   Ken caught a cold last week.

5. (True   False)   Ken had a high fever and could not sleep.

6. (True   False)   Ken had a good appetite.

7. (True   False)   Ken had to take medication twice a day.

8. (True   False)   Ken is supposed to take an exam tomorrow.

9. (True   False)   Although Ken has a headache, he can still memorize *kanji* and vocabulary well.

10. (True   False)   Ken is going to school tomorrow.

II. 漢字コーナー：アンダーラインのひらがなを漢字で書いて下さい。

1. やまもとさんは　おんなの　ひとで、だいがくせいです。

2. ちちは　まいにちようび　ゴルフに　いきますが、まだ　へたです。

3. ははは　いま　くるまの　なかで　ラジオを　きいて　います。

4. きょう　わたしは　てが　いたくて、かくことが　できません。

5. ことし　なんじに　うちを　でて、がっこうへ　きますか。

81

六課

III. Wes got sick in Japan and went to see a doctor. He received a prescription at the doctor's clinic and went to the pharmacy with it. When he received the envelope of medicine, there were directions on how to use the medicine. Based on your knowledge of *kanji*, try to help him by circling the correct answers below.

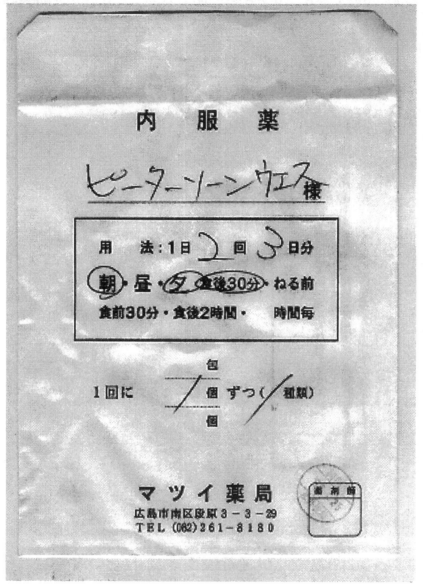

The prescription says that Wes should take the medication:

1. (A. once a day   B. two times a day   C. three times a day).

2. (A. for one day   B. for two days   C. for three days).

3. (A. in the morning and at lunch   B. in the morning and at dinner   C. at lunch and dinner).

4. (A. 30 minutes before meals   B. with meals   C. 30 minutes after meals).

5. (A. one tablet   B. two tablets   C. three tablets) at a time.

六課   82

名前（なまえ）:＿＿＿＿＿＿＿＿＿＿＿＿＿＿＿＿＿

日付（ひづけ）:＿＿＿＿＿＿＿＿＿＿＿＿＿＿＿＿＿

You may not understand all the Japanese on the CD,
but use the context to help you comprehend as much as you can!

I. Listen to the statements and match them with the correct pictures below.

1. (A. B. C. D. E.)   6. (A. B. C. D. E.)

2. (A. B. C. D. E.)   7. (A. B. C. D. E.)

3. (A. B. C. D. E.)   8. (A. B. C. D. E.)

4. (A. B. C. D. E.)   9. (A. B. C. D. E.)

5. (A. B. C. D. E.)   10. (A. B. C. D. E.)

Pictures for 1 - 5:

A.   B.   C.   D.   E.

Pictures for 6 - 10:

A.   B.   C.   D.   E.

II. Ken phones Hanako's house. Listen to each of the telephone conversations and choose the statement that best describes each conversation.

11. (A. B. C. D. E.)   A. Ken called and the line was busy.

12. (A. B. C. D. E.)   B. Ken called and Hanako answered the phone.

13. (A. B. C. D. E.)   C. Ken called and Hanako's mother answered the phone, but

14. (A. B. C. D. E.)   Hanako was not home.

15. (A. B. C. D. E.)   D. Ken called and Hanako's mother answered the
                                 phone. She called Hanako, who came to the phone.

                              E. Ken called a wrong number.

III. Listen to the conversation between Lisa and Ken. Choose the most appropriate answer from among the choices given.

16. This (A. is   B. is not) Lisa's first trip to Japan.

17. Lisa will be in Japan (A. from March   B. for three months).

18. The city Lisa is going to is (A. Fukui   B. Fukuoka   C. Fukushima   D. Fukuyama).

19. The city Lisa is going to is in (A. Honshu   B. Hokkaido   C. Kyushu   D. Shikoku).

20. The city Lisa is going to is located at the (A. eastern   B. western   C. southern   D. northern) part of the island.

21. Lisa will live at her (A. uncle's   B. aunt's   C. grandmother's   D. grandfather's) home in Japan.

22. Lisa is going to Japan (A. by herself   B. with her mother   C. with her father   D. with her aunt   E. with her uncle).

23. Lisa's mother (A. has to work   B. does not have to work) in Japan.

24. Lisa (A. will   B. will not) go to a Japanese school in Japan.

25. Lisa (A. does not understand   B. understands) Japanese.

26. Lisa (A. can   B. cannot) speak Japanese fluently.

27. Lisa (A. is   B. is not) planning to study Japanese in Japan.

28. Lisa (A. wants   B. does not want) Japanese friends.

29. Lisa will go to school (A. on foot   B. by bus   C. by electric train   D. by car   E. by bicycle).

30. Lisa will live (A. near   B. far from) the school she will attend in Japan.

IV. Ms. Tanaka is at a doctor's office. Listen to the dialogue and read the following statements. Choose the most appropriate answer from among the choices given.

31. Ms. Tanaka has a (A. cough   B. sore throat).

32. Ms. Tanaka (A. has   B. does not have) a high fever.

33. Ms. Tanaka has a (A. headache   B. stomachache   C. headache and stomachache).

34. Ms. Tanaka has to take medication (A. once   B. twice   C. three times) a day.

35. Ms. Tanaka has to take medication (A. before   B. during   C. after) meals.

Think of a day when you were very sick. Describe it. What was your temperature? What types of symptoms did you have? How many days were you absent from school? What were you planning to do at that time? What were you supposed to do? Add any other comments.

　Use this page to brainstorm and outline your composition. Then write your composition on the *genkoyoshi* provided. Follow the rules for using *genkoyoshi*. Write more than one page, but no more than two pages.

　Use sentence structures you have learned.

Brainstorm:

Outline:
 Introduction:

 Body:

 Summary:

六課

How to use *genkoyoshi* (Japanese composition paper).

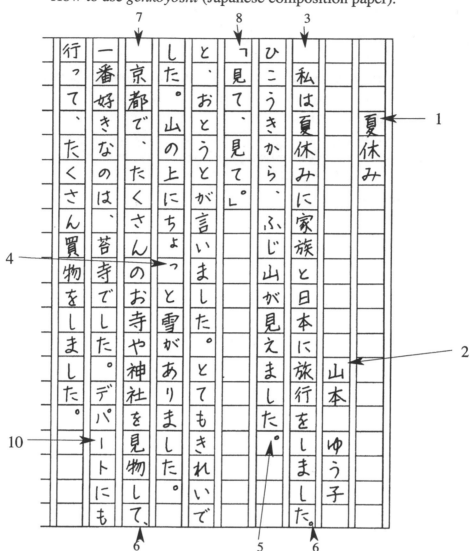

夏休み

山本　ゆう子

私は夏休みに家族と日本に旅行をしました。

ひこうきから、ふじ山が見えました。

「見て、見て」

と、おとうとが言いました。

した。山の上にちょっと雪がありました。とてもきれいで

京都で、たくさんのお寺や神社を見物して、

一番好きなのは、苔寺でした。デパートにも

行って、たくさん買物をしました。

1. Title: Write on the first line. Leave three to four spaces at the top before writing the title.
2. Name: Write on the second line. Write your last name first. Leave a space and write your first name. Leave one space at the bottom of the line.
3. Body: Start writing your composition on the line following your name. Indent one space.
4. For small letters such as " っ " and " や," use one space and write them in the upper right part of the square.
5. Periods and commas: Use one space. Write in the upper right part of the square.
6. Do not write periods or commas at the beginning of a new line. Instead, write them at the bottom of the line within the space of the previous character, as indicated.
7. New paragraph: Indent one space.
8. When a sentence starts with ⌐ or ⌒, use one space as indicated.
9. Do not use ∟ or ⌣ at the top of a new line. Instead, write it at the end of the sentence within the space of the previous character at the bottom of the sheet.
10. For *katakana* vowel lengthening, use │ as indicated. Use one space.

六課

86

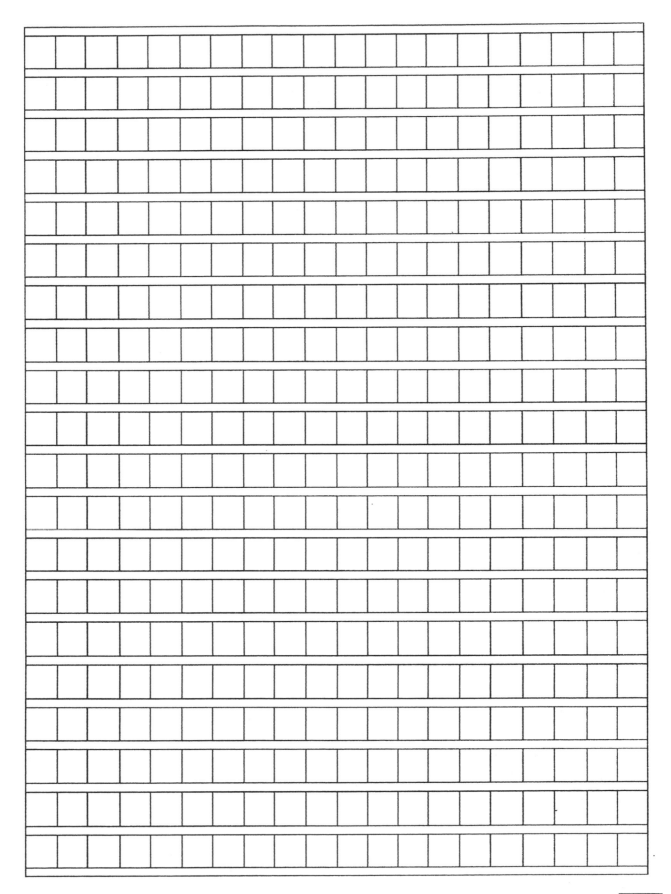

六課

名前:_____

日付:_____

I. If the following statements are true for you, circle はい and if they are not true, circle いいえ.

1. (はい　いいえ)　おもちを　食べたことが　あります。

2. (はい　いいえ)　神社へ　行ったことが　あります。

3. (はい　いいえ)　年賀状を　送ったことが　あります。

4. (はい　いいえ)　日本の　着物を　着たことが　あります。

5. (はい　いいえ)　お年玉を　もらったことが　あります。

6. (はい　いいえ)　お寺へ　行ったことが　あります。

II. Match the sentences with the corresponding pictures. Write the correct letter in the space provided.

1. _____ カラオケで　歌ったことが　ありますか。

2. _____ レストランで　アルバイトを　したことが　ありますか。

3. _____ ヨットに　のったことが　ありますか。

4. _____ 日本へ　行ったことが　ありますか。

5. _____ 日本語の　試験で　Aを　もらったことが　ありますか。

A.　　　　　B.　　　　　C.　　　　　D.　　　　　E.

III. Have you ever done the things mentioned in Part II? Write your answers with complete sentences in Japanese.

1. _____

2. _____

3. _____

4. _____

5. _____

七課

IV. Complete the following questions using the context provided by the corresponding reply. Use ～たことがあります.

Example. A: てんぷらを<u>食</u>べたことがありますか。

B: ええ、先週_{しゅう}、友達_{ともだち}の家_{いえ}で食べました。

1. A: 日本のお茶_{ちゃ}を＿＿＿＿＿＿＿＿＿＿＿＿＿＿＿＿＿＿＿＿。

B: ええ、ありますが、あまり好きではありません。

2. A: 日本料理_{りょうり}のレストランへ＿＿＿＿＿＿＿＿＿＿＿＿＿＿＿＿＿＿。

B: はい、あります。私は日本料理_{りょうり}が大好きですから、時々_{ときどき}行きます。

3. A: このＣＤを＿＿＿＿＿＿＿＿＿＿＿＿＿＿＿＿＿＿。

B: いいえ、ありません。聞いてもいいですか。

V. 漢字_{かんじ}コーナー：Write the underlined *hiragana* in *kanji* and the *kanji* in *hiragana*.

1. <u>田口</u>さんは　<u>外国語</u>の　<u>新聞</u>を　<u>読</u>むことが　<u>出来</u>ますか。

2. <u>父</u>は　ゴルフを　するのが　<u>好</u>きですが、まだ　<u>下手</u>です。

3. <u>せんせい</u>、もう　<u>いちど</u>　<u>にほんご</u>で　<u>いって</u>　<u>ください</u>。

4. あの　<u>おとこ</u>の　<u>だいがくせい</u>は　<u>なにご</u>で　<u>か</u>きましたか。

VI. 文化_{ぶんか}ノート：Fill in the blanks with appropriate English responses.

1. The few days before New Year's Day in Japan is a time when many families do their housecleaning, ＿＿＿＿＿＿＿＿＿＿＿＿＿＿, ＿＿＿＿＿＿＿＿＿＿＿＿ and ＿＿＿＿＿＿＿＿＿＿＿＿.

2. On New Year's morning, Japanese eat ＿＿＿＿＿＿＿＿＿＿＿＿ and New Year's food called ＿＿＿＿＿＿＿＿＿＿＿＿.

3. The post office has a special service on New Year's Day. They deliver ＿＿＿＿＿＿＿＿＿＿＿＿.

4. Many people visit ＿＿＿＿＿＿＿＿＿＿＿＿ to pray for a good year.

アドベンチャー日本語２

ワークシート７課（か）ー２

名前（なまえ）:＿＿＿＿＿＿＿＿＿＿＿

日付（ひづけ）:＿＿＿＿＿＿＿＿＿＿＿

I. Read the following and fill in the blanks on the map below with the correct information based on the information in the weather report.

単語（たんご）：最高（さいこう） highest, 気温（きおん） temperature

> 札幌（さっぽろ）は、今日も雪（ゆき）が降（ふ）るでしょう。
>
> 最高気温（さいこうきおん）は、マイナス５度（ど）ぐらいでしょう。
>
> 多分（たぶん）とても寒（さむ）いでしょう。
>
> 東京（とうきょう）の今日の最高気温（さいこうきおん）は、１０度（ど）ぐらいでしょう。
>
> 今日は、雨（あめ）が降（ふ）るでしょう。
>
> でも、多分（たぶん）あまり寒（さむ）くないでしょう。
>
> 京都（きょうと）の今日の最高気温（さいこうきおん）も、１０度（ど）ぐらいでしょう。
>
> 今日は曇（くも）りでしょう。多分（たぶん）、雨（あめ）は降（ふ）らないでしょう。
>
> 福岡（ふくおか）の今日の最高気温（さいこうきおん）は、１５度（ど）ぐらいでしょう。
>
> 今日は、晴（は）れでしょう。多分（たぶん）、暖（あたた）かいでしょう。

今日のお天気（てんき）

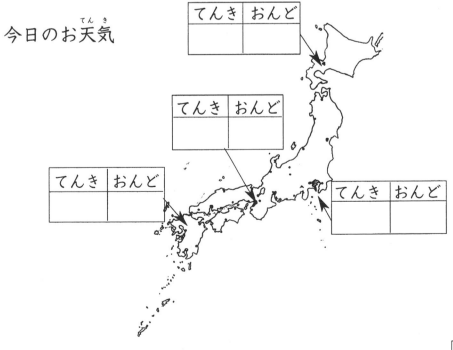

七課

II. Circle ええ or いいえ and complete the following dialogues with appropriate responses based on what you think.

1. A: 明日 雨が 降りますか。

   B: {ええ, いいえ} (　　　　　　　　　　) でしょう。

2. A: 昨日 雨が 降りましたか。

   B: {ええ, いいえ} (　　　　　　　　　　) でしょう。

3. A: 山下さんの 車は 高いですか。

   B: {ええ, いいえ} (　　　　　　　　　　) でしょう。

4. A: 川本さんの 新しい 車は 高かったですか。

   B: {ええ, いいえ} (　　　　　　　　　　) でしょう。

5. A: 来週 日本語の 試験が ありますか。

   B: {ええ, いいえ} (　　　　　　　　　　) でしょう。

$50,000

山下さん

川本さん

III. 漢字コーナー：Write the underlined *hiragana* in *kanji* and the *kanji* in *hiragana*.

1. 寺田さんは 何時ごろ 本願寺へ 行くことが 出来ますか。

2. Tiger は にほんごで なんと いいますか。

3. ちちと ははは まいとし おしょうがつの まえ おてらへ いきます。

4. がっこうの もんの ところで ごじごろ せんせいを みました。

名前:＿＿＿＿＿＿＿＿＿＿＿＿＿＿＿＿

日付:＿＿＿＿＿＿＿＿＿＿＿＿＿＿＿＿

I. Complete the following verb chart. Write in *hiragana*.

いみ	MASU form	Dic. form	TE form	TA form	NAI form	NAKATTA
to drink	のみます	のむ	のんで	のんだ	のまない	のまなかった
	やすみます		やすんで			
					あそばない	
	てつだいます					
	たちます					
			はしって			
					きかない	
to go						
to swim						
		はなす				
	たべます					
		かりる				
		する				
		くる				

II. Read the following questions about you and your family and answer them in Japanese. Use たいてい (usually) if applicable.

1. だれが　家を　掃除しなければ　なりませんか。

＿＿＿＿＿＿＿＿＿＿＿＿＿＿＿＿＿＿＿＿＿＿＿＿＿＿＿

2. あなたは　あなたの　部屋の　掃除を　しなければ　なりませんか。

＿＿＿＿＿＿＿＿＿＿＿＿＿＿＿＿＿＿＿＿＿＿＿＿＿＿＿

3. だれが　晩ご飯を　料理しなければ　なりませんか。

＿＿＿＿＿＿＿＿＿＿＿＿＿＿＿＿＿＿＿＿＿＿＿＿＿＿＿

七課

4. だれが　洗濯を　しなければ　なりませんか。

_____

5. 一週間に　何度くらい　洗濯を　しなければ　なりませんか。

_____

6. だれが　お皿を　洗わなければ　なりませんか。

_____

7. 一日に　何度ぐらい　お皿を　洗わなければ　なりませんか。

_____

8. だれが　ごみを　出さなければ　なりませんか。

_____

9. 一週間に　何度くらい　ごみを　出さなければ　なりませんか。

_____

10. だれが　車を　洗わなければ　なりませんか。

_____

11. 一カ月に　何度ぐらい　車を　洗わなければ　なりませんか。

_____

12. クリスマスの　前に　何を　しなければ　なりませんか。

_____

13. 冬休みに　何を　しなくても　いいですか。

_____

III. 漢字コーナー：Write the underlined *hiragana* in *kanji*.

1. お<u>てら</u>が　<u>ちゅうがっこう</u>と　<u>だいがく</u>の　<u>あいだ</u>に　あります。

2. <u>わたし</u>は　<u>にじかんじゅうごふん</u>も　<u>にほんご</u>の　テレビを　<u>み</u>ました。

I. Read this paragraph. Circle the correct words in the sentences below to accurately complete the
   statement based on the paragraph.

明日はピクニックです。みなさんはお弁当を持って行かなければなり
ません。とおる君はおにぎりを持って行くつもりです。みち子さんは
サンドイッチを持って行くつもりです。みち子さんは妹さんも連れて
行くつもりです。

1. Toru will bring a (riceball, sandwich) to tomorrow's picnic.

2. Michiko will bring a (riceball, sandwich) to tomorrow's picnic.

3. (Michiko, Toru) will bring his/her sister to the picnic.

II. Fill in the blanks with the most appropriate verb chosen from the box below. Use the correct
    form of the verb.

Choices:　持って来ます，　持って行きます，　持って帰ります，
　　　　　連れて来ます，　連れて行きます，　連れて帰ります

＜クラスで＞

先生：明日、クラスで　クリスマスパーティーを　しましょう。私は
　　　おすしを　_____つもりです。

ベン：先生、友達を　パーティーに　_____も　いいですか。

先生：はい、ぜひ　_____ 下さい。パーティーに　ついて
　　　プリントが　ありますから、家へ　_____ 下さい。

ケン：ビールを　_____も　いいですか。

先生：いいえ、ぜったい　だめです。
　　　ビールを　_____ないで　下さい。

95

III. Answer the following questions in Japanese about what you do on Christmas Eve, or another religious holiday you celebrate.

1. プレゼントを　開けますか。 _____

2. 教会へ　行きますか。 _____

3. ごちそう(feast)を　食べますか。 _____

4. お酒を　飲みますか。 _____

5. クリスマスの　歌を　歌いますか。 _____

6. 部屋を　掃除しますか。 _____

7. 早く　寝ますか。 _____

III. Answer the following questions in Japanese about what you do on New Year's Day.

1. お正月に　何を　食べますか。 _____

2. お正月に　神社へ　行きますか。 _____

3. お正月に　フットボールを　見ますか。 _____

4. お正月に　お年玉を　もらいますか。 _____

IV. 漢字コーナー：Write the underlined *hiragana* in *kanji* and the *kanji* in *hiragana*.

1. 母は　大きい　家が　好きですが、父は　小さい　家が　好きです。

2. 私は　土曜日に　時々　十時間も　ねます。

3. もういちど　いって　ください。わたしの　みみは　よくないです。

4. らいねんの　おしょうがつに　にほんへ　いって　みたいです。

5. いえと　がっこうの　あいだに　おてらが　あります。

名前:＿＿＿＿＿＿＿＿＿＿＿＿＿＿＿＿＿＿＿

日付:＿＿＿＿＿＿＿＿＿＿＿＿＿＿＿＿＿＿＿

I. Read the dialogue from Lesson 7 of the text and circle True or False based on the conversation.

1. (True False) まりさんは　外に　います。

2. (True False) 明日は　天気が　いいでしょう。

3. (True False) まりさんは　初めて　本当の　クリスマスツリーを　見ました。

4. (True False) お正月の　前、たいてい　日本人は　忙しいです。

5. (True False) まりさんは　お正月に　日本へ　帰ります。

6. (True False) 日本人は　たいてい　クリスマスカードを　送ります。

7. (True False) まりさんは　クリスマスに　教会へ　行くつもりです。

8. (True False) まりさんは　日本でも　教会へ　行って　いました。

9. (True False) ケンさんは　ギターを　弾くことが　出来ます。

10. (True False) ケンさんは　まりさんから　日本語の　歌を　習いました。

II. 漢字コーナー：

A. Write the underlined *hiragana* in *kanji* and the *kanji* in *hiragana*.

1. 寺田さんの家には、大きい門があります。

2. 日本の中学生は、お正月の前に、学校の先生に年賀状を書きます。

B. Choose the most appropriate *kanji* from among the choices given and write the *kanji* in the corresponding boxes.

家	木
門	車
男	女

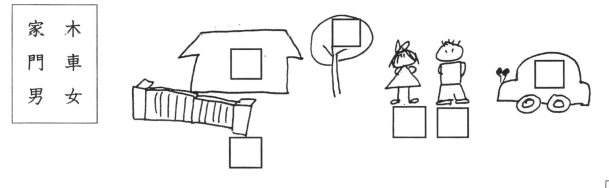

七課

III. This is the weather forecast section from a Japanese newspaper in the Hiroshima area. You are living in Hiroshima now and need to know the weather forecast to plan your week. Circle True or False according to the information.

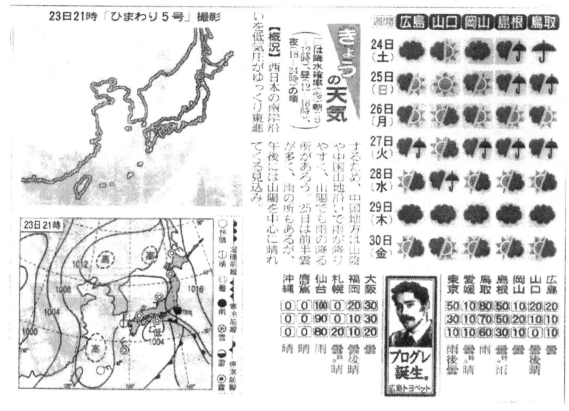

広島

Weather forecast in Hiroshima for the week.

1. (True   False)   It will be cloudy on Saturday the 24th.

2. (True   False)   It will be cloudy in the morning and sunny in the afternoon on Sunday the 25th.

3. (True   False)   It wll be rainy on the morning of Tuesday the 27th.

4. (True   False)   It will be cloudy all day on Thursday the 29th.

5. (True   False)   It will be rainy on Friday the 30th.

名前（なまえ）:_____

日付（ひづけ）:_____

You may not understand all the Japanese on the CD,
but use the context to help you comprehend as much as you can!

I. What is tomorrow's weather forecast for each district in Japan? Select the letter that represents the type of weather each city will experience.

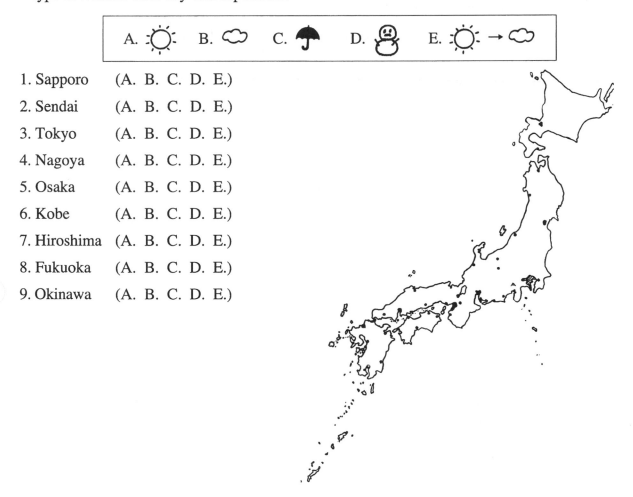

1. Sapporo　(A.　B.　C.　D.　E.)

2. Sendai　(A.　B.　C.　D.　E.)

3. Tokyo　(A.　B.　C.　D.　E.)

4. Nagoya　(A.　B.　C.　D.　E.)

5. Osaka　(A.　B.　C.　D.　E.)

6. Kobe　(A.　B.　C.　D.　E.)

7. Hiroshima　(A.　B.　C.　D.　E.)

8. Fukuoka　(A.　B.　C.　D.　E.)

9. Okinawa　(A.　B.　C.　D.　E.)

II. Choose the correct temperature for the following cities.

A. −5℃　　B. 8℃　　C. 10℃　　D. 16℃　　E. 25℃

10. Sapporo　　(A.　B.　C.　D.　E.)

11. Tokyo　　(A.　B.　C.　D.　E.)

12. Kyoto　　(A.　B.　C.　D.　E.)

13. Hiroshima　　(A.　B.　C.　D.　E.)

14. Okinawa　　(A.　B.　C.　D.　E.)

七課

III. Listen to the dialogue between Ken and Mari. Mark A for true or B for false according to the dialogue.

15. (A. True B. False) Ken has been to Japan.

16. (A. True B. False) Ken has been to a shrine and a temple.

17. (A. True B. False) Ken usually goes to a shrine on New Year's Day.

18. (A. True B. False) Ken will take Mari to a shrine this New Year's Day.

19. (A. True B. False) Ken has never written a New Year's card.

20. (A. True B. False) Mari is writing a New Year's card to her friend in Japan.

IV. Listen to how Ai spent her New Year's Eve. Circle the choice that accurately lists the correct sequence of events.

21. (A. a. b. c. d.   B. b. a. d. c.   C. a. d. c. b.   D. d. c. b. a.)

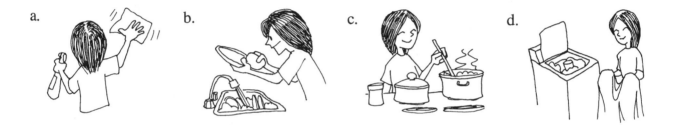

a.   b.   c.   d.

22. (A. a. b. c. d.   B. b. a. d. c.   C. a. d. c. b.   D. d. c. b. a.)

a.   b.   c.   d.

アドベンチャー日本語２

名前:＿＿＿＿＿＿＿＿＿＿＿＿＿＿＿

７課　作文：「クリスマス or お正月」　日付:＿＿＿＿＿＿＿＿＿＿＿＿＿＿＿

Describe how you celebrate Christmas, New Year's, or any other major holiday at your home. Include a discussion of foods, decorations, preparations, activities, etc. Aim for a well-organized, smooth-flowing and informative composition.

Brainstorm:

Outline:
 Introduction:

 Body:

 Summary:

七課

How to use *genkoyoshi* (Japanese composition paper).

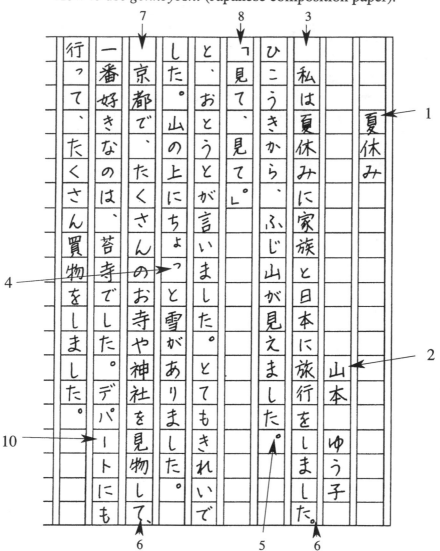

1. Title: Write on the first line. Leave three to four spaces at the top before writing the title.
2. Name: Write on the second line. Write your last name first. Leave a space and write your first name. Leave one space at the bottom of the line.
3. Body: Start writing your composition on the line following your name. Indent one space.
4. For small letters such as "っ" and "ゃ," use one space and write them in the upper right part of the square.
5. Periods and commas: Use one space. Write in the upper right part of the square.
6. Do not write periods or commas at the beginning of a new line. Instead, write them at the bottom of the line within the space of the previous character, as indicated.
7. New paragraph: Indent one space.
8. When a sentence starts with ⌐ or ⌒, use one space as indicated.
9. Do not use ∟ or ◡ at the top of a new line. Instead, write it at the end of the sentence within the space of the previous character at the bottom of the sheet.
10. For *katakana* vowel lengthening, use │ as indicated. Use one space.

七課

I. Read the following description of Bill. Fill in the blanks with the appropriate verb from the choices given. Use the correct verb form. Draw a picture of Bill in the space on the left and color it according to the description.

ビルは十五才の男の子です。ビルは背が高くて、少しやせています。ビルの髪の毛はブロンドで、短いです。今、緑と黄色のシャツを（　　　）、青いズボンを（　　　）います。黒いスニーカーを（　　　）います。右の手に時計を（　　　）いて、左の手の中にテニスのボールを（　　　）います。大きくて茶色いぼうしを（　　　）いて、サングラスを（　　　）います。

する, かぶる, かける, きる, はく, もつ

II. This is a description of Ken's day. Complete each sentence using the verbs provided as cues. Convert the verb into its proper form.

1. 朝、六時に＿＿＿＿＿＿＿＿＿、服を着ました。（起きました）

2. 七時に家を＿＿＿＿＿＿＿＿＿、七時半ごろに学校に着きました。（出ました）

3. 九時に図書館へ＿＿＿＿＿＿＿＿＿、新聞を読みました。（行きました）

III. 漢字コーナー： Rewrite the sentences below using all of the *kanji* you have learned.

1. やまださんは　ことし　ちゅうがくさんねんせいで、くるまが　すきです。

2. ははは　きょう　いちじかんも　いえで　てがみを　かいて　いました。

八課

IV. This is a sketch of Mari's room, but many things are missing from this picture. Read the description below and draw in the objects as she describes them.

これは私の部屋です。机の前に窓があって、窓の外にはとなりの家が見えます。机の上に日本語の本とえんぴつがあります。机の下にはテニスボールが二つあります。机とベッドの間に私のテニスのラケットがあります。ベッドの上に猫が寝ています。ごみばこの中にごみがたくさんありますよ。私はそうじするはずです。いすのそばにドアがあります。ドアの右で、机の左上にはポスターがあります。

V. Ken introduces himself and his family. Fill in the blanks with an appropriate verb chosen from the box below. Use the correct form. Use each verb only once.

ぼくは１５才で、高校一年生です。父も母も日本人ですが、ぼくはハワイの病院で（　　　　　　　）。今、ワイキキに（　　　　）います。父はハワイのデパートに（　　　　）いますが、母は（　　　　）ことが出来ません。ぼくたちはホンダの車を（　　　）いて、今ぼくは車の運転を父から（　　　）います。父は（　　　　）ことが下手ですから、ぼくとよくけんかをします。早く車を（　　　　　　）みたいです。

| もつ | つとめる | 生まれる | うんてんする |
| はたらく | ならう | おしえる | すむ |

I. Study tomorrow's weather forecast chart. Circle True or False for each of the statements below.

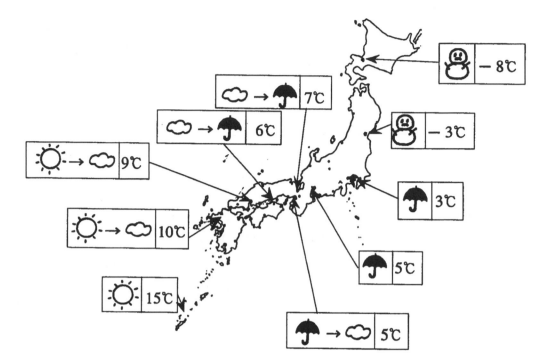

1. (True False) 札幌は雪でしょう。とても寒いでしょう。
2. (True False) 東京は雨が降るでしょう。温度は五度ぐらいでしょう。
3. (True False) 名古屋は曇りのち雨でしょう。温度は七度ぐらいでしょう。
4. (True False) 那覇は晴れでしょう。寒くないでしょう。
5. (True False) 京都は雨が降らないでしょう。温度は七度ぐらいでしょう。

II. 漢字コーナー：Write the *kanji* with the opposite meaning.

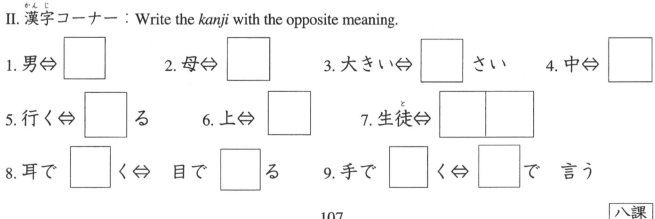

1. 男⇔ ☐   2. 母⇔ ☐   3. 大きい⇔ ☐ さい   4. 中⇔ ☐

5. 行く⇔ ☐ る   6. 上⇔ ☐   7. 生徒⇔ ☐ ☐

8. 耳で ☐ く ⇔ 目で ☐ る   9. 手で ☐ く ⇔ ☐ で 言う

III. Illustrated below are unacceptable forms of classroom student behavior. Write what a teacher must say to prevent such behavior. Use 〜てはいけません.

1. _____

2. _____

3. _____

4. _____

IV. Your elderly friend takes you for a drive, but his driving is terrible. Politely request that he not do the following things. Complete the sentences using 〜ないでください.

1. 大きい　声で　_____。

2. 急に　_____。

3. スピードを　_____。

4. 角を　速く　_____。

V. What is the purpose of going to the indicated places? Complete the following sentences.

1. 昨日　友達と　映画を　_____に　行きました。

2. 寺本さんは　英語を　_____に　アメリカへ　来ました。

3. 田中さんは　来月　家族に　_____に　日本へ　帰ります。

4. おいしい　物を　_____に　レストランへ　行きましょう。

5. 明日は　プレゼントを　_____に　デパートへ　行きます。

6. 図書館へ　本を　_____に　行きます。

I. You share your impression of the items below with an acquaintance. He suggests that you give each
   of them a try.

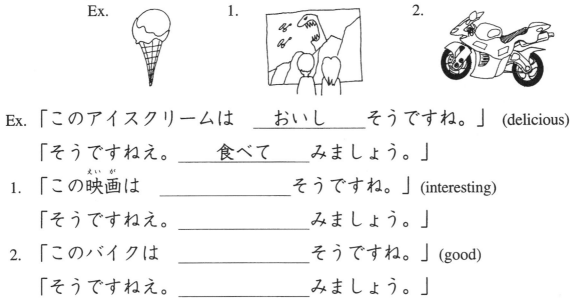

Ex. 「このアイスクリームは ＿＿おいし＿＿ そうですね。」 (delicious)

「そうですねえ。＿＿食べて＿＿みましょう。」

1. 「この映画は ＿＿＿＿＿＿＿＿そうですね。」 (interesting)

「そうですねえ。＿＿＿＿＿＿＿＿みましょう。」

2. 「このバイクは ＿＿＿＿＿＿＿＿そうですね。」 (good)

「そうですねえ。＿＿＿＿＿＿＿＿みましょう。」

II. Circle the correct response. X indicates that no particle is required.

1. 私は 今日 おすし (に, を, で) します。

2. 私は 昨日 病気 (に, を, で) 学校 (に, を, で) 休みました。

3. 薬を 一日 (に, X, で) 三度 (に, を, も) 飲まなければなりません。

4. 母は 日本語 (に, を, が) 少し 出来ます。

5. 日本語 (の, を, が) 勉強するの (は, を, が) 楽しいです。

6. 私は (まだ, もう) 日本語が 下手です。

7. 「朝ご飯を 食べませんでしたか。」

「 (はい, いいえ) 食べませんでした。」

8. 私は 朝 ミルク (を, X, が) だけ 飲みました。

9. 私の 朝ご飯は たいてい パン (を, で, に) ミルクです。

10. 宿題を おそく (X, に, て) 出しては いけません。

11. 私は パーティーに ケーキを (持って, 連れて) 来ます。

八課

III. Write two of your school rules that you like and two that you do not like.

好きな規則（きそく）： _____

_____

嫌いな規則（きらきそく）： _____

_____

IV. Match the appropriate expression with each situation.

1. You greet a customer who comes to your store. （　） A. どうぞこちらへ。

2. You guide your customers to their seats. （　） B. きのどくに。

3. You ask if your customer wants anything else. （　） C. しかたがない。

4. You sympathize with someone. （　） D. ほかに何か。

5. You are resigned to the fact that there is nothing you can do. （　） E. いらっしゃいませ。

V. 漢字（かんじ）コーナー： Write one correct *kanji* in each space.

1. 土 ____ 日には　おもしろい　映画（えいが）を　見に　連れて　行って　下さい。

2. 一時間は　六十 ____ です。

3. あなたの　こたえは ____ しくないです。ちがいますよ。

4. 父は　中国語（ごく）を　よく　話（はな）すことが　出 ____ ます。

5. すみません、もう　一度（ど）　ゆっくり ____ って　下さい。

6. 父は　ゴルフが　大好きですが、あまり　上 ____ ではありません。

7. 毎朝（あさ）、____ 時に　家を　出かけますか。

8. 母は　東京（とうきょう）で ____ まれました。

9. 日本語の　クラスでは　いつも　漢字（かんじ）を ____ かなければ　なりません。

10. 私は　頭（あたま）が　あまり ____ くないです。

11. 今　日本レストランへ　いっしょに ____ 事（じ）に　行きませんか。

12. 毎日、図書館（としょかん）で　新（しん）____ を　読（よ）みます。

13. 私の　兄（あに）は　今　大 ____ 四年生です。

八課　　110

I. Fill in the blank with an appropriate verb in its correct form.

1.「来年、日本へ　行くつもりですか。」

　「いいえ、（　　　　　　　）つもりです。」

2.「私は　ギターを　（　　　　　　　）ことが　出来ません。」

3.「日本語の　試験は　月曜日に（　　　　　　　）はずですよ。」

4.「私は　おすしを（　　　　　　　）ことが　ありません。」

5.「明日は　雨が　降るでしょうか。」「いいえ、（　　　　　　）でしょう。」

6.「明日は　寒いでしょうか。」「いいえ、あまり（　　　　　）でしょう。」

7.「明日は　晴れでしょうか。」「いいえ、（　　　　　　　）でしょう。」

8.「母は　歌を　（　　　　　　）ことが　大好きです。」

II. Write two things you have to do at home and two things you do not have to do at home.

私はうちで＿＿＿＿＿＿＿＿＿＿＿＿＿＿＿＿＿＿＿＿なければなりません。

私はうちで＿＿＿＿＿＿＿＿＿＿＿＿＿＿＿＿＿＿＿＿なければなりません。

私はうちで＿＿＿＿＿＿＿＿＿＿＿＿＿＿＿＿＿＿＿なくてもいいです。

私はうちで＿＿＿＿＿＿＿＿＿＿＿＿＿＿＿＿＿＿＿なくてもいいです。

III. 漢字コーナー：Fill in each blank with a *kanji* verb.

1.おすしを　＿＿べたことが　ありますか。

2.日本へ　＿＿ったことが　ありますか。

3.日本の　映画を　＿＿たことが　ありますか。

4.日本語の　ラジオを　＿＿いたことが　ありますか。

5.年賀状を　筆(brush)で　＿＿いたことが　ありますか。

八課

IV. Read the following story and choose はい or いいえ in response to the following questions.

私は上田のり子です。北海道に住んでいます。北海道は日本の北にあって、冬はとても寒いです。今も雪が降っています。今日は大みそかです。私は朝、部屋を掃除して、洗濯をしなければなりませんでした。兄も部屋を掃除しました。母は朝からお正月の料理を作っていました。私も手伝いました。父は車を洗って、家の外のそうじをしていました。晩ご飯に年越しそばを食べて、テレビを見ました。たくさんおもしろいテレビがありますから、私は早くお風呂に入りました。今、除夜の鐘を聞いています。近くのお寺から鐘が聞こえて来ます。明日のお正月には朝早く起きて、着物を着て、家族で近くの神社に行くつもりです。お正月のお昼には一年に一度、親戚が家に来て、みんなでごちそうを食べます。両親やおじいさん、おばあさん、おじさん、おばさんからお年玉をもらうはずですから、楽しみにしています。年賀状もたくさん来るでしょう。私はお正月が大好きです。

1. （はい　いいえ）　今、朝ですか。
2. （はい　いいえ）　今、のり子さんの所は寒いですか。
3. （はい　いいえ）　のり子さんは、今日、洗濯をしましたか。
4. （はい　いいえ）　のり子さんのお兄さんは車を洗いましたか。
5. （はい　いいえ）　のり子さんはお母さんの料理を手伝いましたか。
6. （はい　いいえ）　お父さんは今も家の外をそうじしていますか。
7. （はい　いいえ）　のり子さんはもうおふろに入りましたか。
8. （はい　いいえ）　のり子さんはお正月に着物を着ますか。
9. （はい　いいえ）　のり子さんはお年玉がほしいですか。
10. （はい　いいえ）　親戚はお正月の晩ご飯を一緒に食べますか。

名前:＿＿＿＿＿＿＿＿＿＿＿＿＿

日付:＿＿＿＿＿＿＿＿＿＿＿＿＿

You may not understand all the Japanese on the CD,
but use the context to help you comprehend as much as you can!

I. Listen to the tape and read the following statements. Based on the passage, choose the most
appropriate answer for each statement from among the choices given.

　　Useful words: おじ one's own uncle, おみやげ souvenir

1. Mari is describing her

　(A. father　B. grandfather　C. uncle　D. aunt　E. grandmother).

2. (A. Mari　B. Katsumi) lives in Nara.

3. Nara is located (A. north　B. south　C. east　D. west) of Kyoto.

4. (A. Mari　B. Katsumi) lives in Sapporo.

5. Katsumi goes to Sapporo by (A. train　B. car　C. airplane).

6. Katsumi goes to Sapporo to see (A. Mari's mother　B. Mari's father).

7. Sapporo is in (A. Hokkaido　B. Honshu　C. Kyushu　D. Shikoku).

8. Katsumi's hobby is (A. traveling　B. playing golf　C. playing tennis).

9. Katsumi is (A. married　B. not married).

II. Listen to the tape and read the following statements. Mark A for true and B for false.

10. (A. True　B. False)　Katsumi came to Sapporo on New Year's Day.

11. (A. True　B. False)　Katsumi drove Mari's mother's car because she was busy.

12. (A. True　B. False)　Katsumi is a good driver.

13. (A. True　B. False)　Katsumi took Mari to school.

14. (A. True　B. False)　Katsumi knew the roads around the town very well.

15. (A. True　B. False)　Mari enjoyed the ride with Katsumi.

III. Ken calls Yumi's house. Listen to the telephone conversations and circle the choice that best
describes each conversation.

　A. Yumi was not at home.

　B. Yumi was at home, but her mother picked up the phone first.

　C. Ken called the wrong number.

　D. Ken called Yumi, but the line was busy.

　E. Yumi answered the phone.

八課

16. (A. B. C. D. E.)
17. (A. B. C. D. E.)
18. (A. B. C. D. E.)
19. (A. B. C. D. E.)
20. (A. B. C. D. E.)

IV. Choose the picture that best matches each situation.

A. B. C. D. E.

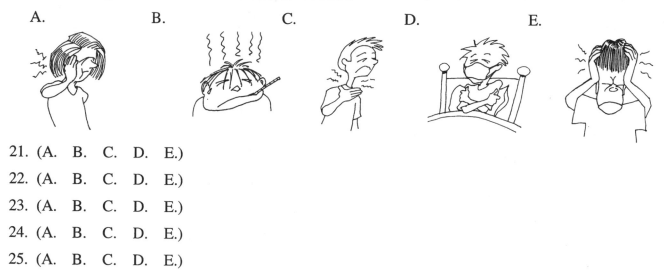

21. (A. B. C. D. E.)
22. (A. B. C. D. E.)
23. (A. B. C. D. E.)
24. (A. B. C. D. E.)
25. (A. B. C. D. E.)

V. Listen as Mari asks Ken about his daily life. Circle the correct answers.

26. Ken studies about (A. 30 minutes   B. one hour   C. two hours   D. three hours) a day.

27. Ken watches TV about (A. 30 minutes   B. one hour   C. two hours   D. three hours) a day.

28. Ken talks to his friends on the phone about (A. 30 minutes   B. one hour   C. two hours
    D. three hours) a day.

29. Ken sleeps about (A. six hours   B. seven hours   C. eight hours   D. 10 hours) a day.

30. Ken sleeps about (A. six hours   B. seven hours   C. eight hours   D. 10 hours) a night on
    weekends.

31. Ken goes to the movies about (A. once a week   B. once a month   C. twice a month
    D. three times a month).

32. Ken watches a basketball game about (A. once a week   B. twice a week   C. once a month
    D. twice a month).

33. Ken travels about (A. once a month   B. once a year   C. twice a year   D. three times a year).

34. Ken (A. has been   B. has not been) to Japan.

八課   114

名前:＿＿＿＿＿＿＿＿＿＿＿＿＿＿＿＿＿

日付:＿＿＿＿＿＿＿＿＿＿＿＿＿＿＿＿＿

I. Fill in the blanks with the correct words based on fact.

1. 「チョコレートと　バニラと　どちらの方が　好きですか。」

　　「＿＿＿＿＿＿＿＿＿＿の方が　＿＿＿＿＿＿＿＿＿＿より　好きです。」

2. 「あなたの　お父さんと　お母さんと　どちらの方が　きびしいですか。」

　　「＿＿＿＿＿＿＿＿＿＿の方が　＿＿＿＿＿＿＿＿＿＿より　きびしいです。」

3. 「日本語と　スペイン語と　どちらの方が　むずかしいですか。」

　　「＿＿＿＿＿＿＿＿＿＿の方が　＿＿＿＿＿＿＿＿＿＿より　むずかしいです。」

II. Circle the correct word based on fact.

1. 日本は　アメリカより　{大きい, 小さい}です。

2. アメリカの方が　日本より　{大きい, 小さい}です。

3. アメリカより　日本の方が　{大きい, 小さい}です。

4. 日本と　アメリカとで　日本の方が　{大きい, 小さい}です。

5. 日本と　アメリカで　アメリカの方が　ずっと　{大きい, 小さい}です。

III. Write two questions asking someone's preferences about something.

1. ＿＿＿＿＿＿＿＿＿＿＿＿＿＿＿＿＿＿＿＿＿＿＿＿＿＿＿＿＿＿＿＿＿＿＿

2. ＿＿＿＿＿＿＿＿＿＿＿＿＿＿＿＿＿＿＿＿＿＿＿＿＿＿＿＿＿＿＿＿＿＿＿

IV. Fill in the blanks with the correct words from the list below.

ケン：「まりさんは　猫の方が　犬より　（　　　　）　好きですか。」

まり：「私は　猫も　犬も　（　　　　）　好きですよ。」

ケン：「じゃ、ねずみと　ぶたと　（　　　　）の方が　好きですか。」

まり：「私は　（　　　　）　好きではありませんよ。」

| どちら　　どちらも　　りょうほう　　もっと |

九課

V. Keeping in mind that Japanese clerks use very polite language to their customers, circle the correct choices below.

店員：「いらっしゃいませ。何を {あげましょうか，さしあげましょうか}。」

客　：「シャツを　下さい。」

店員：「どんなシャツが　{好き，お好き}ですか。」

客　：「そうですねえ...　高くてもいいですから、いいシャツが

　　　　ほしいです。」

店員：「犬のシャツと　猫のシャツと　{どちら，どっち}の方が

　　　　お好きですか。」。

客　：「両方　好きではありません。」

店員：「{じゃ，では}　ねずみのシャツは　{どう，いかが}ですか。」

客　：「どれですか。」

店員：「{これ，こちら}です。」

客　：「あ、それは　いいですね。それを　下さい。」

店員：「{どうも　ありがとう，どうもありがとうございました}。」

VI. 漢字コーナー：A. Fill in the blanks with appropriate kanji.

1. 日本人と　白人とでは　（　　　　）の方が　だいたい　背が　高いです。

2. 小学生と　大学生とでは　（　　　　）の方が　わかいです。

3. 父と　母で　（　　　　）の方が　きびしいです。

4. 男と　女とで　だいたい　（　　　　）の方が　体が　大きいです。

5. クリスマスと　お正月とで　私は　（　　　　）の方が　好きです。

6. 金曜日と　土曜日で　映画を　見るのは　（　　　　）の方が　いいです。

B. Fill in the ( ) with hiragana readings and the ___ with correct kanji.

1. 三百（　　　　　）＋　五百（　　　　　）＝ _____（　　　　　）

2. 四十（　　　　　）＋　七十（　　　　　）＝ _____（　　　　　）

3. 六百（　　　　　）－　二百（　　　　　）＝ _____（　　　　　）

九課　　　　　　　　116

名前:＿＿＿＿＿＿＿＿＿＿＿＿＿＿＿＿＿＿＿＿

日付:＿＿＿＿＿＿＿＿＿＿＿＿＿＿＿＿＿＿＿＿

I. Circle the correct words based on the information given or fact.

1.(おじいさん, おばあさん)の方が (おじいさん, おばあさん)より

年を とって います。

(おじいさん, おばあさん)は (おじいさん, おばあさん)ほど

年を とって いません。

2.(飛行機, 自動車)の方が (飛行機, 自動車)より 速いです。

(飛行機, 自動車)は (飛行機, 自動車)ほど 速くないです。

3.(私の字, 先生の字)の方が (私の字, 先生の字)より きれいです。

(私の字, 先生の字)は (私の字, 先生の字)ほど きれいではありません。

4.(すもうとり, 私)の方が (すもうとり, 私)より 太って います。

(すもうとり, 私)は (すもうとり, 私)ほど 太って いません。

5.(犬, 猫)の方が (犬, 猫)より 頭が いいです。

(犬, 猫)は (犬, 猫)ほど 頭が 良くないです。

II. Compare the two things listed below using ほど.

1.日本, アメリカ＿＿＿＿＿＿＿＿＿＿＿＿＿＿＿＿＿＿＿＿＿＿

2.父, 母 ＿＿＿＿＿＿＿＿＿＿＿＿＿＿＿＿＿＿＿＿＿＿＿＿＿＿

九課

III. Complete the conversation between a Japanese customer and a clerk at a T-shirt shop. The choices are listed below. てんいん is a store clerk.

店員　　：＿＿＿＿＿＿＿＿＿＿＿＿。何を ＿＿＿＿＿＿＿＿＿＿＿＿か。

日本人：Tシャツを ＿＿＿＿＿＿下さい。

店員　　：＿＿＿＿＿＿ なデザインと　いろが　ございます（＝あります）が。

日本人：この　デザインが　好きですが、白は　好きではありません。

　　　　　＿＿＿＿＿＿＿＿　の　いろが　ありますか。

店員　　：この　青は ＿＿＿＿＿＿ですか。

日本人：ああ、いいですねえ。　それを　下さい。

店員　　：＿＿＿＿＿＿は　何ですか。

日本人：Mサイズです。

　　　　　アメリカの　Mサイズと　日本の　Mサイズは ＿＿＿＿＿ですか。

店員　　：さあ... ＿＿＿＿＿＿みて　下さい。

日本人：＿＿＿＿＿＿＿ね。アメリカの　サイズの方が　日本の

　　　　　サイズより　ずっと　大きいです。じゃ、Sサイズを　ください。

　　　　　＿＿＿＿＿＿は　いくらですか。

店員　　：今 ＿＿＿＿＿＿ですから、お安いですよ。２１ドルです。

> セール中,　いろいろ,　ねだん,　いらっしゃいませ,　サイズ,　いかが,
> くらべて,　ちがいます,　おなじ,　さしあげましょう,　見せて,　ほか

IV. Write the *hiragana* readings of the *kanji* in the ( ). Match the *kanji* prices and the prices given in dollars.

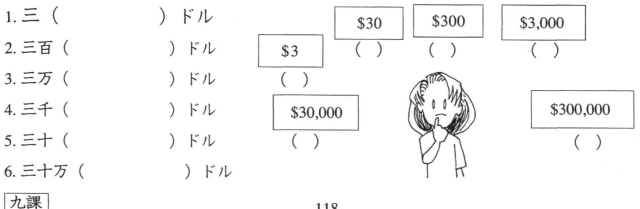

1. 三 （　　　　　　）ドル

2. 三百 （　　　　　）ドル

3. 三万 （　　　　　）ドル

4. 三千 （　　　　　）ドル

5. 三十 （　　　　　）ドル

6. 三十万 （　　　　　　）ドル

$30	$300	$3,000

$3
( )

( )   ( )   ( )

( )

| $30,000 | | $300,000 |

( )   ( )

九課

118

アドベンチャー日本語2

ワークシート9課－3

名前:＿＿＿＿＿＿＿＿＿＿＿＿＿

日付:＿＿＿＿＿＿＿＿＿＿＿＿＿

I-A. Choose the correct question word from those listed below.

| だれ？ | どれ？ | いつ？ | 何？ | どこ？ | どちら？ |

1. ロシアと　アメリカと　中国とで　（　　　）が　一番　広いですか。

2. ねずみと　ぶたと　ごきぶりで　（　　　）が　一番　多いですか。

3. お父さんと　お母さんと　先生で　（　　　）が　一番　きびしいですか。

4. 春休みと　夏休みと　冬休みで　（　　　）が　一番　長いですか。

5. チョコレートと　ヨーグルトと　果物で　（　　　）が　一番

カロリーが　高いですか。

I-B. Answer the questions above.

1. （　　　　　）が　一番　広いです。

2. （　　　　　）が　一番　多いです。

3. （　　　　　）が　一番　きびしいです。

4. （　　　　　）が　一番　長いです。

5. （　　　　　）が　一番　カロリーが　高いです。

II. How much do you know about the geography?　Write the answers in Japanese.

1. 世界で　一番　広い　国は　どこですか。＿＿＿＿＿＿＿＿＿

2. アメリカで　一番　広い　州は　どこですか。＿＿＿＿＿＿＿＿＿

3. 私達の州で　一番　大きい　市は　どこですか。＿＿＿＿＿＿＿＿＿

4. 日本で　一番　大きい　島は　どこですか。＿＿＿＿＿＿＿＿＿

5. 世界で　一番　長い　川は　どこですか。＿＿＿＿＿＿＿＿＿

6. 世界で　一番　高い　山は　どこですか。＿＿＿＿＿＿＿＿＿

7. 日本で　一番　有名な　山は　どこですか。＿＿＿＿＿＿＿＿＿

119

九課

III. Write the correct particles in the (   ). Write X for no particle.

1. 田中：「赤（　）白（　）青（　）（　）　どの色（　）　一番
　　　　　　好きですか。」

　　川本：「白（　）一番　好きです。」

2. 田中：「この（　）クラス（　）学生（　）　だれ（　）　一番　背が
　　　　　　高いですか。」

　　川本：「山本さん（　）　一番　背が　高いです。」

3. 田中：「野球（　）フットボール（　）（　）　どちら（　）方（　）
　　　　　　好きですか。」

　　川本：「野球（　）方（　）　フットボール（　）　好きです。」

　　大下：「野球（　）　フットボール（　）　好きではありません。」

IV. Circle True or False.

1. (True　False)　ハワイは　アラスカほど　広くないです。
2. (True　False)　自動車より　飛行機の方が　速いです。
3. (True　False)　東京ほど　私達の　市は　人が　多くないです。
4. (True　False)　夏は　冬より　寒いです。
5. (True　False)　日本の　学校の　規則は　アメリカの　学校の　規則ほど
　　　　　　　　　自由ではありません。

V. (　) に正しい漢字を書いて下さい。アンダーラインを漢字とひらがなで書いて下さい。

1. 「あの　方は　どなたですか。」「すもうとりの　玉乃国さんですよ。」

2. 「日本語と　中国語と　どちらの方が　むずかしそうですか。」

3. 「こんしゅうの　どようびに　いえへ　しょくじに　きて　ください。」

名前:＿＿＿＿＿＿＿＿＿＿＿＿＿＿＿＿

日付:＿＿＿＿＿＿＿＿＿＿＿＿＿＿＿＿

I. You are working at a souvenir shop. Complete the conversation using the words listed below.

日本人：これは ＿＿＿＿＿＿ですから、＿＿＿＿＿＿に 入れて 下さい。

店員　：すみません。＿＿＿＿＿＿だけ あります。

日本人：しかたが ないです。 ＿＿＿＿＿＿は いくらですか。

店員　：＿＿＿＿＿＿が かかりますから、全部で 三十ドル五十セントです。

日本人：＿＿＿＿＿＿＿＿＿＿で はらっても いいですか。

店員　：はい。

日本人：これで おねがいします。

　　　　＜店員に トラベラーズチェックを あげる。＞

店員　：これは ＿＿＿＿＿＿です。十九ドル五十セントです。

　　　　ありがとうございました。また どうぞ。

> ぜい金，　　はこ，　　おつり，　　ねだん，
> ふくろ，　　トラベラーズチェック，　　おみやげ

II. The customer wants to know on which floor these items are sold. Fill in the blanks with the correct answers.

おくじょう (rooftop)	
8 F	
7 F	
6 F	
5 F	
4 F	
3 F	
2 F	
1 F	
B 1 F	
B 2 F	

客　：「すみません。傘は何階で売っていますか。」

店員：「傘ですか。傘は＿＿＿＿＿＿で売っています。」

客　：「どうも。それから、アイスクリームはどこですか。」

店員：「アイスクリームですか。それは ＿＿＿＿＿＿に

　　　あります。」

客　：「すみません。じゃ、ついでに聞きますが、

　　　スカートとお箸をさがしているんですが…」

店員：「スカートは＿＿＿＿＿＿で、お箸は

　　　＿＿＿＿＿＿で売っていますよ。」

客　：「どうもありがとう。」

121

九課

III. Write comparative questions about this family. Compare the number of persons specified below, then answer your questions.

おにいさん　いちろう　おとうさん　おかあさん

Two　Q: _____

　　　A: (Useより) _____

　　　A: (Useほど) _____

Three　Q: _____

　　　A: _____

Family Q: _____

　　　A: _____

IV. Read the passage at the right and circle T for true or F for false.

1. (T　F) Yasuda is an intermediate school student.

2. (T　F) Yasuda is taller than his brother.

3. (T　F) Yasuda is heavier than his brother.

4. (T　F) Yasuda's father is stricter than his mother.

5. (T　F) Yasuda's father gives him more money than his mother.

6. (T　F) Yasuda's father speaks Chinese.

7. (T　F) Yasuda went to the temple before New Year's Day.

8. (T　F) Yasuda gave 500 yen to the temple.

9. (T　F) Yasuda's hands and eyes were sore.

10. (T　F) Yasuda will buy a car this year.

安田さんは日本の高校生です。男の子で、高校二年生です。安田さんの家族は四人です。お父さんとお母さんと安田さんとおとうとです。安田さんはおとうとほどせが高くありませんが、おとうとよりふとっています。お母さんはお父さんよりきびしいですが、お母さんの方がお金をたくさんくれますから、お母さんの方が好きです。家族でお父さんが一番あたまがいいです。お父さんは中国語を話すことが出来ます。

安田さんの家族は十二月三十一日のよる十一時四十分ごろに、お寺へ行きました。お寺にたくさん人がいました。お寺のはこに百円玉をあげて、かねをつきました。耳と手がいたかったです。家にかえって、父から五千円お年玉をもらいました。今年、安田さんはこのお金で好きな本をかうつもりです。

I. Based on the conversation from Lesson 9, circle True or False.

1. (True   False) 日本人は猫のシャツより犬のシャツの方が好きです。

2. (True   False) 日本人は猫のシャツが犬のシャツほど好きではありません。

3. (True   False) 日本人は犬のシャツの方が鼠のシャツより好きです。

4. (True   False) 日本人は犬のシャツが鼠のシャツほど好きではありません。

5. (True   False) 日本人は鼠のシャツが一番好きです。

6. (True   False) 日本人は白の方が青より好きです。

7. (True   False) 日本人は白が青ほど好きではありません。

8. (True   False) 日本のＭサイズはアメリカのＭサイズほど大きくないです。

9. (True   False) 日本のサイズとアメリカのサイズは同じです。

10. (True   False) 日本人はＳサイズを買いました。

11. (True   False) ケンさんはＴシャツをふくろに入れました。

12. (True   False) 今セール中で、Ｔシャツは高いです。

13. (True   False) 日本人はトラベラーズチェックではらいました。

14. (True   False) 日本人はパスポートを見せなければなりませんでした。

15. (True   False) 日本人は五十ドルをケンさんにあげました。

九課

II. 漢字コーナー：漢字を書きましょう。

1. 八百―三百＝（　　）（　　）

2. 九千―二千＝（　　）（　　）

3. 十万―四万＝（　　）（　　）

4. 二百＋七百＝（　　）（　　）

5. 六百＋五百＝（　　）（　　）

6. 三万―三百＝（　　）（　　）（　　）（　　）（　　）（　　）

7. 「しろい　くるまのほうが　たかいですか。やすいですか。」

8. 「おしょうがつに　おとしだまを　もらって、がいこくごの　映画を

　　みに　いきました。」

9.

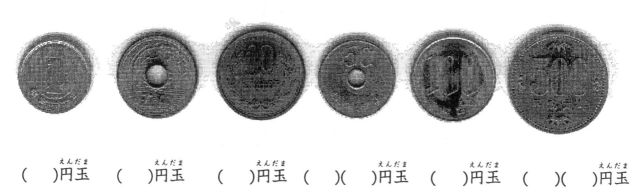

（　　）円玉　　（　　）円玉　　（　　）円玉　（　）（　　）円玉　　（　　）円玉　　（　）（　　）円玉

<ruby>名前<rt>な まえ</rt></ruby>:＿＿＿＿＿＿＿＿＿＿＿＿＿

<ruby>日付<rt>ひ づけ</rt></ruby>:＿＿＿＿＿＿＿＿＿＿＿＿＿

You may not understand all the Japanese on the CD,
but use the context to help you comprehend as much as you can!

I. Listen to the descriptions. Mark A for true and B for false.

1. (A. True   B. False)

2. (A. True   B. False)

3. (A. True   B. False)

4. (A. True   B. False)

5. (A. True   B. False)

6. (A. True   B. False)

II. Ms. Tanaka and her friends went to Hawaii and took this picture. Look at the photo below and listen to the tape. Match the names and descriptions of each person.

7. Tanaka　　　(　　　)
8. Yamamoto　（　　　)
9. Kawamoto　（　　　)
10. Yamada　　（　　　)
11. Nakamoto　（　　　)

A.　　　B.　　　C.　　　D.　　　E.

<ruby>九課<rt></rt></ruby>

III. Ms. Tanaka and her friends bought T-shirts at a store where Ken works. Identify the T-shirt each person purchased.

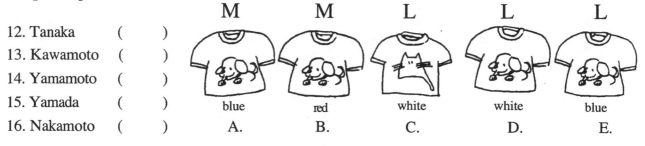

12. Tanaka   (   )
13. Kawamoto   (   )
14. Yamamoto   (   )
15. Yamada   (   )
16. Nakamoto   (   )

M	M	L	L	L
blue	red	white	white	blue
A.	B.	C.	D.	E.

IV. This is a continuation of the conversation in section III. Listen to the tape and choose the most appropriate answer from among the choices given.

17. That day, each T-shirt cost (A. 12 B. 18 C. 20 D. 80 E. 96) dollars.
18. Ms. Tanaka bought (A. one B. two C. three D. four E. five) T-shirts.
19. The T-shirts were put in a (A. box B. bag).
20. The tax was about (A. 3% B. 4% C. 5%).
21. Ms. Tanaka paid with (A. a traveler's check B. a credit card C. cash).

V. Listen to the conversation between Ken and Mari. Read the following statements and mark each true or false.

22. (A. True B. False)   Mari prefers classical music to rock 'n' roll.
23. (A. True B. False)   Ken prefers classical music to rock 'n' roll.
24. (A. True B. False)   Emi likes classical music.
25. (A. True B. False)   Emi is Ken's friend.
26. (A. True B. False)   Ken and Mari are planning to go to a concert next week.

I. Read the following information about a basketball game. Fill in the blanks in the following paragraph in Japanese.

バスケットボールの試合

チーム：　ケネディ高校とルーズベルト高校

試合の場所：　ケネディ高校の体育館

始まる時間：　七時半

終わる時間：　十時半ごろ

会う場所：　ケネディ高校のうんどうじょう

会う時間：　六時半

あした、（　　　　　　　　）の試合が　あります。（　　　　　）の
チームと　（　　　　　　）の　チームが　試合を　します。試合は
（　　　　　　　　　）で　あります。そして、試合は（　　　　　）に
始まります。そして、（　　　　）ごろに　終わるはずです。
私たちは　（　　　　　　）に　（　　　　　　）で　会うつもりです。

II. Circle the correct verb.

1. a.バスケットの　試合が　七時半に（はじまります, はじめます）。
   b.選手たちは　七時半に　試合を（はじまります, はじめます）。

2. a.八時半に　日本語の　クラスが（はじまります, はじめます）。
   b.先生は　八時半に　日本語の　クラスを（はじまります, はじめます）。

3. a.家から　海が（見えます, 見ます）か。
   b.時々　映画を（見えます, 見ます）か。

4. a.しずかに　して　下さい。音楽が（聞こえません, 聞きません）。
   b.この　ＣＤを（聞こえます, 聞きます）か。

十課

III. Write X (nothing), な or の in each blank, using the English cues as a guide.

1. 始まる（　）時間　starting time

2. 上手（　）選手　skillful player

3. あの（　）選手　that player over there

4. あした（　）試合　tomorrow's game

5. ゆうめい（　）選手　famous player

6. 大事（　）試合　important game

7. おもしろい（　）試合　interesting game

8. 学校（　）新しい（　）体育館　new gym at school

9. この（　）試合　this game

10. 好き（　）チーム　a team (I) like

11. いい（　）試合　good game

12. テニス（　）試合　tennis game

13. 長い（　）試合　long game

14. 終わる（　）時間　ending time

IV. Ken tries to convince Mari to come to see his soccer game. Fill in the blanks with an appropriate word from the list below.

ケン：ぼくのサッカーのしあいを見に来ませんか。＿＿＿＿＿は、学校の＿＿＿＿＿です。はじまる＿＿＿＿＿は、四時です。ぼくは今日のしあいに＿＿＿＿＿から、ぜひ＿＿＿＿＿して下さい。ぼくは１８番の＿＿＿＿＿を着ています。ぼくたちのチームの＿＿＿＿＿はみんな上手ですから、かちますよ。

| 時間, ユニフォーム, おうえん, ばしょ, せん手, うんどうじょう, 出ます |

V. 漢字コーナー：

A. Circle the correct *kanji* characters for the readings given.

1. あそこに　しろ（白, 百）い　うし（牛, 午, 半）が　いる。

2. しち（セ, 七）じ（時, 寺, 待, 持）かん（間, 聞）はん（半, 牛, 午, 羊）

B. Write the readings of the following underlined *kanji* in *hiragana*.

1. 牛田選手は　とても　上手な　選手です。

2. 一万の　半分は　五千で、その　半分は　二千五百です。

名前:＿＿＿＿＿＿＿＿＿＿＿＿＿＿＿＿＿＿

日付:＿＿＿＿＿＿＿＿＿＿＿＿＿＿＿＿＿＿

I. Based on the dialogue between Ken and Mari, fill in the blanks in the paragraph below with the correct words in Japanese.

ケン：土曜日に　映画を　見に　行きましょう。　　　　　　　＊けん ticket

まり：いいですね。

ケン：じゃあ、今日　安い　映画の　＊けんを　ボックスオフィスに
　　　買いに　行きますね。ところで、何時に　むかえに
　　　行きましょうか。

まり：六時半は？

ケン：いいですよ。映画は、七時半からだから、いっしょに
　　　晩ごはんを　食べましょう。

まり：いいですね。家の　前で、待って　いますね。私の　友だちを
　　　つれて　行っても　いいですか。

ケン：いいですよ。帰りも　ぼくが　まりさんと　まりさんの
　　　友だちを　車で　つれて　帰りますね。

まり：ありがとう。私は　十一時までに　帰らなければ　なりません。

ケンさんと　まりさんは　（　　　　　　）に　映画へ　行くつもりです。
まりさんは　（　　　　　　）を　映画に　つれて　行くつもりです。
（　　　　　　）が　映画の　＊けんを　ボックスオフィスに　買いに
行くはずです。ケンさんは　（　　　　　　）に　まりさんを　むかえに
行くはずです。まりさんと　ケンさんは　いっしょに　（　　　　　　）を
食べるつもりです。（　　　　　　）が　まりさんと　まりさんの　友だちを
車で　つれて帰るはずです。まりさんは　（　　　　　　）までに　家へ
帰らなければ　なりません。

II. Using context clues and English cues, choose the most appropriate verb from among the choices provided.

> つれてきて、　とりにきて、　とりにいって、　むかえにいか、　もってきて

＜クラスで＞　　　　　　　　　　　　　　　　　　　　　＊くうこう airport

田中：先生、今日　ぼくは　＊くうこうへ　友だちを　（ $^{go\ to\ pick\ up}$ ）

　　　なければ　なりません。あした、クラスに　その　友だちを

　　　（ ^{bring} ）も　いいですか。

先生：はい、どうぞ。

田中：先生、プリントを　下さい。

先生：ここに　ありませんから、先生の　オフィスに　（ $^{come\ to\ pick\ up}$ ）

　　　下さい。

田中：しゅくだいを　ロッカーへ　（ $^{go\ to\ pick\ up}$ ）も　いいですか。

先生：クラスの　あとで、行って　下さい。クラスの　あとで、先生の

　　　オフィスへ　しゅくだいを　（ ^{bring} ）下さい。

田中：はい。

III. Answer the following questions in Japanese.

1. 学校に何時までに来なければなりませんか。＿＿＿＿＿＿＿＿＿＿＿＿

2. ロッカーへ何を取りに行きますか。　　　＿＿＿＿＿＿＿＿＿＿＿＿

3. だれが学校へあなたをむかえに来ますか。　＿＿＿＿＿＿＿＿＿＿＿＿

4. だれが学校へあなたをつれて来ますか。　　＿＿＿＿＿＿＿＿＿＿＿＿

5. しゅくだいを家へ持って帰りますか。　　　＿＿＿＿＿＿＿＿＿＿＿＿

6. 一週間にどのぐらいうんどうをしますか。　＿＿＿＿＿＿＿＿＿＿＿＿

IV. 漢字コーナー：　Write the underlined hiragana in kanji.

1. ちちと　ははの　ともだちの　たまがわさんは　せんせいです。

2. くにもとさんは　がっこうから　よじはんごろに　いえへ　かえります。

名前:＿＿＿＿＿＿＿＿＿＿＿＿＿＿＿＿＿＿＿＿

日付:＿＿＿＿＿＿＿＿＿＿＿＿＿＿＿＿＿＿＿＿

I. Answer the following questions. Circle はい or いいえ based on fact.

1. （はい　　いいえ）　お酒が　飲めますか。

2. （はい　　いいえ）　なっとうが　食べられますか。

3. （はい　　いいえ）　サーフィンが　出来ますか。

4. （はい　　いいえ）　中国語が　話せますか。

5. （はい　　いいえ）　１マイル　およげますか。

6. （はい　　いいえ）　１０マイル　走れますか。

7. （はい　　いいえ）　ピアノが　ひけますか。

8. （はい　　いいえ）　この　漢字「難」が　読めますか。

9. （はい　　いいえ）　週末　あそべますか。

10. （はい　　いいえ）　日本の　歌が　歌えますか。

11. （はい　　いいえ）　英語が　おしえられますか。

12. （はい　　いいえ）　漢字が　たくさん　おぼえられますか。

13. （はい　　いいえ）　毎日　二時間　テレビが　見られますか。

14. （はい　　いいえ）　毎日　八時間　ねられますか。

15. （はい　　いいえ）　Ｓサイズの　Ｔシャツが　着れますか。

16. （はい　　いいえ）　あさ、四時半に　おきられますか。

17. （はい　　いいえ）　つぎの　日曜日に　学校へ　来られますか。

18. （はい　　いいえ）　りょうりが　出来ますか。

19. （はい　　いいえ）　学校から　家へ　あるいて　帰れますか。

20. （はい　　いいえ）　日本の　友だちを　日本語の　クラスへ　つれて
　　　　　　　　　　　　来られますか。

十課

II. Complete the chart. Use only *hiragana* for this section.

English	Masu form	Nai form	Dic. form	Potential form	Ta form
to drink	のみます	のまない	のむ	のめる	のんだ
to die	しにます		しぬ		
to play	あそびます	あそばない	あそぶ		あそんだ
to meet	あいます		あう		あった
to win	かちます	かたない	かつ		
to go home	かえります		かえる		
to go to pick up	とりにいきます		とりにいく		とりにいった
to put	おきます		おく		
to swim	およぎます		およぐ	およげる	
to turn in	だします		だす		
to wear	きます		きる		きた
to get up	おきます		おきる		
to come	きます		くる		きた
to do	します		する		

III. 漢字コーナー:

A. Circle the correct *kanji* from among the readings given.

お金を　も（持，待，時，寺）って 来ますから、もん（門，開，閉，聞，間）
のところで　ま（持，待，時，寺）って 下さい。

B. Write the underlined *hiragana* in *kanji*.

1. たまがわさんは　おてらの　まえで　ともだちを　まって　います。

2. ちちも　ははも　しろくて、やすい　くるまを　もって　います。

I. You want another person or persons to do something for you. Change the verbs in the parentheses to the appropriate form and complete the following sentences.

1. 私は私たちの学校のチームにぜひ_____ほしいです。（かつ）

2. 私はりょうしんに新しい自転車を_____ほしいです。（かう）

3. 私はまりさんにぜひパーティーに_____ほしいです。（来る）

4. 私はあなたに日本語を_____ほしいです。（おしえる）

5. 私はあなたに日本語のクラスパーティーにおすしを_____ほしい

   です。   （もってくる）

II. Complete the following dialogue. Choose the most appropriate response from among the choices given.

かい， までに， おうえん， たい， とりに， はじまる， よって， あと，
ばしょ， むかえに， ドキドキ， そのころ， たいいくかん， スコア

<At Ken's working place.>

まり：ケンさん、二（   floor   ）に　来ましたから、（ dropped by ）みました。

ケン：こんにちは、今晩、バスケットの　しあいに　（   cheer   ）に

　　　行きましょう。しあいの　（   starting   ）時間は　午後七時で

　　　（   place   ）は（   gym   ）です。六時ごろ　（   pick up   ）

　　　行きますよ。

まり：ありがとう。じゃ、（   ）に　家の　外で　待って　います。

　　　夜は　十一時（   ）　帰らなければ　なりません。

<At the gym.>

ケン：（   ）は　五十五（   ）五十四です。

まり：（   ）三分だけです。私は　今（   ）して　います。

III. Circle the correct choice.

1. 私は　いい　大学へ　(A. 行きたい　B. 行って　ほしい)です。

2. 母は　私に　よく　(A. べんきょうしたい　B. べんきょうして　ほしい)です。

3. 友だちは　私に　パーティーに　(A. 行きたい　B. 行って　ほしい)です。

4. 私は　土曜日に　映画を　(A. 見たい　B. 見て　ほしい)です。

5. 私は　私たちの　学校の　チームに　(A. かちたい　B. かって　ほしい)です。

IV. Match the English expressions with their Japanese equivalents.

1. It's a good idea.　　　(　　)　　A. かった！かった！

2. I'm just kidding.　　　(　　)　　B. それはいいかんがえです。

3. Hurray!　　　　　　(　　)　　C. やったあ！

4. We won! We won!　　(　　)　　D. じょうだんですよ！

5. We did it!　　　　　(　　)　　E. しかたがありません。

6. It can't be helped.　　(　　)　　F. ばんざい！

V. 漢字コーナー：

A. Write the readings for the following *kanji* characters in *hiragana* and the underlined *hiragana* in *kanji*.

1. 米は　日本人の　一番　大事な　食べものです。

2. 一番　好きな　事は、食事を　することです。

3. この　しゃしんの　しろい　うしは　アメリカの　ともだちの　だいじな

うしで、なまえは　ロッキーです。

名前:＿＿＿＿＿＿＿＿＿＿＿＿＿＿＿＿

日付:＿＿＿＿＿＿＿＿＿＿＿＿＿＿＿＿

I. Read the following statements. Circle 本当 for true and うそ for false according to what you read in the dialogue in Lesson 10.

1. (本当　うそ)　ケンさんはまりさんのお店に寄りました。

2. (本当　うそ)　Ｔーシャツのお店は二階にあります。

3. (本当　うそ)　まりさんとケンさんはあしたバスケットのしあいを見に
行くつもりです。

4. (本当　うそ)　しあいは六時半にはじまります。

5. (本当　うそ)　ケンさんは車をうんてんすることが出来ます。

6. (本当　うそ)　まりさんは午後十時半まで学校にいてもいいです。

7. (本当　うそ)　五番のユニフォームの選手はまりさんの友だちです。

8. (本当　うそ)　ケンさんの学校はかちました。

II. Match the following *katakana* words with the English equivalents below.

1. バスケットボール　（　）　7. テニス　　　　（　）　13. ゴルフ　　　　　（　）

2. フットボール　　（　）　8. スキー　　　　（　）　14. スケート　　　　（　）

3. バレーボール　　（　）　9. サッカー　　　（　）　15. ホッケー　　　　（　）

4. サーフィン　　　（　）　10. アウト　　　　（　）　16. ストライク　　　（　）

5. ユニフォーム　　（　）　11. バッター　　　（　）　17. ホームベース　　（　）

6. キャッチャー　　（　）　12. スタジアム（　）　18. チーム　　　　　（　）

A. catcher	B. tennis	C. team	D. football
E. skiing	F. surfing	G. volleyball	H. soccer
I. hockey	J. basketball	K. uniform	L. strike
M. out	N. batter	O. homebase	P. skating
Q. stadium	R. golf		

クロスワードパズル

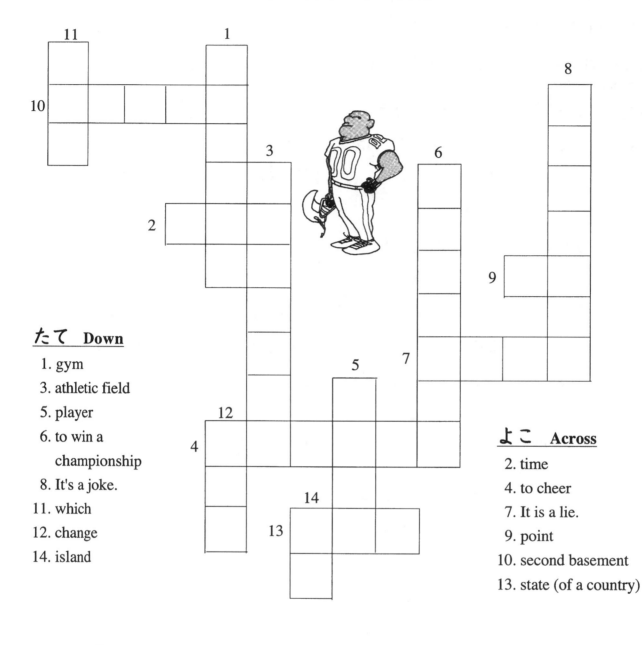

11　**1**

10

8

3　**6**

2

9

たて　Down

1. gym
3. athletic field
5. player
6. to win a
    championship
8. It's a joke.
11. which
12. change
14. island

5　**7**

12

4

14

13

よこ　Across

2. time
4. to cheer
7. It is a lie.
9. point
10. second basement
13. state (of a country)

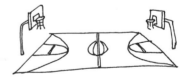

名前<ruby><rt>なまえ</rt></ruby>:_____

日付<ruby><rt>ひづけ</rt></ruby>:_____

You may not understand all the Japanese on the CD,
but use the context to help you comprehend as much as you can!

I. Identify the person who matches each of the following descriptions.

1. (A. B. C. D. E.)
2. (A. B. C. D. E.)
3. (A. B. C. D. E.)
4. (A. B. C. D. E.)
5. (A. B. C. D. E.)

II. Listen to the message Ken left on Mari's answering machine. Choose the most appropriate answer from among the choices given.

6. Ken called Mari on (A. Wednesday   B. Thursday   C. Friday   D. Saturday   E. Sunday).

7. Ken wants to go to a (A. baseball   B. basketball   C. football   D. soccer) game.

8. (A. Kennedy and Roosevelt   B. Roosevelt and Washington   C. Washington and Kennedy) will
   be playing.

9. The game will be at (A. Kennedy's gym   B. Roosevelt's gym   C. Washington's gym).

10. The game will be on (A. Wednesday   B. Thursday   C. Friday   D. Saturday   E. Sunday).

11. The game will start at (A. 3 o'clock   B. 4 o'clock   C. 5 o'clock   D. 6 o'clock   E. 7 o'clock).

12. The game will end around (A. 6 o'clock   B. 7 o'clock   C. 8 o'clock   D. 9 o'clock
    E. 10 o'clock).

13. Ken wants to meet Mari at (A. the gym   B. their school cafeteria   C. Mari's house
    D. their school gate   E. Ken's house).

14. Ken wants to meet Mari at (A. 3 o'clock   B. 4 o'clock   C. 5 o'clock   D. 6 o'clock
    E. 7 o'clock).

15. (A. Mari   B. Ken   C. Both Ken and Mari   D. Neither Ken nor Mari) has/have tickets for
    the game.

十課

III. Listen to the conversation between Ken and Mari and answer the following questions. Mari and Ken are at a game. Ken describes each player. About which player is he talking? Match the picture with the description.

16. Tanaka   (   )

17. Yamada   (   )

18. Yamamoto   (   )

19. Kawamoto   (   )

20. Ushida   (   )

Listen to the conversation between Ken and Mari. Choose A for true or B for false based on the conversation.

21. (A. True   B. False)   Yamada is good at shooting.

22. (A. True   B. False)   Tanaka can run very fast.

23. (A. True   B. False)   Mari likes Ushida because he is cute.

24. (A. True   B. False)   Kawamoto is the best player at their school.

25. (A. True   B. False)   Mari will come to Ken's party on Saturday.

IV. Listen to the conversation between Ken and Akiko, and mark A for true or B for false.

26. (A. True   B. False)   Akiko goes to school by electric train.

27. (A. True   B. False)   Ken goes to school by car.

28. (A. True   B. False)   Ken's mother takes Ken to school in the morning.

29. (A. True   B. False)   Ken's father picks up Ken at school.

30. (A. True   B. False)   Akiko takes a box lunch to school.

31. (A. True   B. False)   Akiko's mother makes Akiko's box lunch every day.

32. (A. True   B. False)   Ken also takes a box lunch to school.

33. (A. True   B. False)   Ken's school lunch is not tasty.

34. (A. True   B. False)   Ken finishes most of his homework at school.

35. (A. True   B. False)   Akiko spends about an hour finishing her homework at home.

Write a composition about any sports match in which you have participated or which you have watched in the past. Tell when, where, who, why, etc. Compare the two teams using what you learned in Lesson 9 (Which team do you prefer? Which team is better? etc.) Provide details and discuss how you felt after the game. Try to use vocabulary you learned in this lesson.

Brainstorm:

Outline:

Introduction:

Body:

Summary:

十課

How to use *genkoyoshi* (Japanese composition paper).

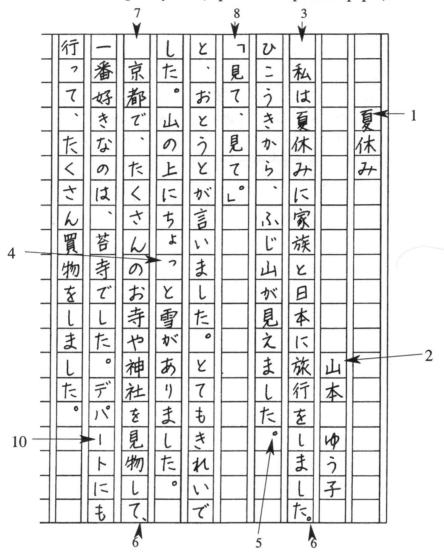

1. Title: Write on the first line. Leave three to four spaces at the top before writing the title.

2. Name: Write on the second line. Write your last name first. Leave a space and write your first name. Leave one space at the bottom of the line.

3. Body: Start writing your composition on the line following your name. Indent one space.

4. For small letters such as "っ" and "や," use one space and write them in the upper right part of the square.

5. Periods and commas: Use one space. Write in the upper right part of the square.

6. Do not write periods or commas at the beginning of a new line. Instead, write them at the bottom of the line within the space of the previous character, as indicated.

7. New paragraph: Indent one space.

8. When a sentence starts with ⌐ or ⌒, use one space as indicated.

9. Do not use ⌐ or ⌒ at the top of a new line. Instead, write it at the end of the sentence within the space of the previous character at the bottom of the sheet.

10. For *katakana* vowel lengthening, use │ as indicated. Use one space.

十課　　　　　　　140

141

十課

名前<ruby>名前<rt>なまえ</rt></ruby>:＿＿＿＿＿＿＿＿＿＿＿＿＿＿＿

日付<ruby>日付<rt>ひづけ</rt></ruby>:＿＿＿＿＿＿＿＿＿＿＿＿＿＿＿

I. Below are characters from the folk tale, "Mouse Wedding." Write two adjectives in Japanese that
describe each character.

1.　　お父さん
＿＿＿＿＿＿＿＿＿
＿＿＿＿＿＿＿＿＿

2.　　チュウ子
＿＿＿＿＿＿＿＿＿
＿＿＿＿＿＿＿＿＿

3.　　チュウきち
＿＿＿＿＿＿＿＿＿
＿＿＿＿＿＿＿＿＿

4.　　お日さま
＿＿＿＿＿＿＿＿＿
＿＿＿＿＿＿＿＿＿

II. Circle the best answers, based on the Japanese folk tale "ねずみのよめいり."

1. お金持ちの　ねずみの　家族<ruby>家族<rt>ぞく</rt></ruby>は　　（二ひき，三びき，四ひき）です。

2. チュウきちは　　（お金持ち，びんぼう）です。

3. チュウきちは　お父さんの　家へ　行って、（お金，チュウ子さん，

　 おみやげ）を　下さいと　言いました。

4. チュウ子は　せかいで　一番　えらい　方と　けっこんするはずです。

　 お父さんは　はじめに（お日さま，かべ，かぜ）に　会<ruby>会<rt>あ</rt></ruby>いに　行きました。

5. （お日さま，くも）の方が　　（お日さま，くも）より　えらいです。

6. （くも，かぜ）は　　（くも，かぜ）ほど　えらくありません。

7. （かぜ，かべ）は　　（かぜ，かべ）ほど　えらくありません。

8. （かべ，ねずみ）の方が　　（かべ，ねずみ）より　えらいです。

9. せかいで　一番　えらい　方は　　（お日さま，くも，かぜ，かべ，

　 ねずみ）です。

十一課

III. Write your own sentences using the following words.

1. （お金持ち）　_____

2. （びんぼう）　_____

3. （あかるい）　_____

4. （くらい）　_____

5. （えらい）　_____

IV. Answer the following questions, based on the Cultural Notes.

1. What is one of the most famous folk tales in Japan?　_____

2. Why does ももたろう become a hero?　_____

3. What are some countries that have tales with similar story lines as the Japanese?

_____

V. 漢字コーナー：　Write the kanji that matches each of the pictures below.

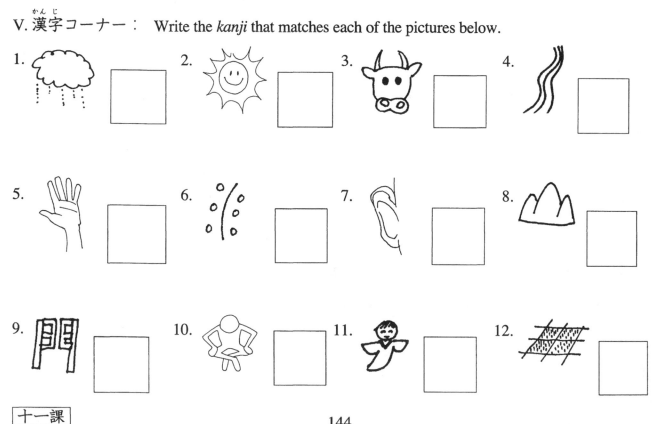

I. Apologize for your actions by using the verb TE form + しまいました pattern. Use the English cues as reference.

Ex. すみません、しゅくだいを ＿＿＿わすれて しまいました＿＿＿。
forgot (completely)

1. すみません、テーブルの　上の　クッキーを ＿＿＿＿＿＿＿＿＿＿。
ate (completely)

2. すみません、私の　ねこが　かべに　あなを ＿＿＿＿＿＿＿＿＿＿。
opened up (completely)

3. すみません、お金を　ベッドの　下に ＿＿＿＿＿＿＿＿＿＿。
hidden (completely)

4. すみません、きのう　八時半に ＿＿＿＿＿＿＿＿＿＿。
slept (completely)

5. すみません、あなたの　手紙<ruby>紙<rt>がみ</rt></ruby>を ＿＿＿＿＿＿＿＿＿＿。
read (completely)

6. すみません、英語<ruby>英<rt>えい</rt></ruby>の　レポートを　ごみばこに ＿＿＿＿＿＿＿＿＿＿。
threw away (completely)

7. しゅくだいを ＿＿＿＿＿＿＿＿＿＿＿＿。
wrote (completely)

II. Write a sentence that will logically connect to the sentence preceding or following the sentences provided. Follow the example below.

Ex. <ruby>昨日<rt>きのう</rt></ruby>、<ruby>病気<rt>びょうき</rt></ruby>でした。　　　ですから、<ruby>宿題<rt>しゅくだい</rt></ruby>が出来ませんでした。

1. ＿＿＿＿＿＿＿＿＿＿＿＿＿。　ですから、<ruby>昨日<rt>きのう</rt></ruby>はうれしかったです。

2. ＿＿＿＿＿＿＿＿＿＿＿＿＿。　ですから、<ruby>昨日<rt>きのう</rt></ruby>はかなしかったです。

3. <ruby>明日<rt>あした</rt></ruby>、日本語の<ruby>試験<rt>しけん</rt></ruby>があります。ですから、＿＿＿＿＿＿＿＿＿＿＿。

4. <ruby>来週<rt>しゅう</rt></ruby>は母の<ruby>誕生<rt>たんじょう</rt></ruby>日です。ですから、＿＿＿＿＿＿＿＿＿＿＿＿。

5. 日曜日に日本から友だちが来るはずです。

　　ですから、＿＿＿＿＿＿＿＿＿＿＿＿＿。

III. Fill in the chart below with the correct Japanese animal cry from the list below.

	English	Animal	Japanese
Ex.	squeak squeak	ねずみ mouse	チューチュー
1.	meow, meow	ねこ cat	
2.	oink, oink	ぶた pig	
3.	ribet, ribet	かえる frog	
4.	quack, quack	あひる duck	
5.	arf, arf	いぬ dog	
6.	moo, moo	牛 cow	
7.	neigh	うま horse	
8.	cock-a-doodle-doo	にわとり rooster	

1. モーモー	2. ヒヒーン	3. ブーブー	4. ケロケロ
5. ニャーニャー	6. ガーガー	7. ワンワン	8. コケコッコー

IV. 漢字コーナー：　Write the underlined *hiragana* in *kanji*.

1. わたしは　たいてい　てんぷらか　おやこどんぶりを　ちゅうもんします。

2. きょうの　おてんきは　どうですか。

3. あの　コードは　でんきですから、きを　つけて　ください。

4. にほんの　せいとは　たいてい　でんしゃで　がっこうへ　いきます。

名前:_____

日付:_____

I. Below is a scene from a party held yesterday. Write down what each person said or asked in the
   lines below and circle the correct verb.

聞きました
＝ asked

Ex. かずお　かずおさんは　「ラスベガスへ行ったことがありますか。」と

　　　　　{言いました,　⟨聞きました⟩} 。

1. とも子　_____

　　　　　{言いました,　聞きました} 。

2. やすお　_____

　　　　　{言いました,　聞きました} 。

3. ひろみ　_____

　　　　　{言いました,　聞きました} 。

十一課

4. けん _____

{言いました，聞きました} 。

5. あきら _____

{言いました，聞きました} 。

6. たろう _____

{言いました，聞きました} 。

II. Write your own sentences using the following new vocabulary.

1. むすめ： _____

2. むす子： _____

3. いっしょうけんめい： _____

4. ちから： _____

5. うごきます： _____

III. Complete the following sentences based on the Cultural Notes.

1. In English, かみしばい means _____.

2. What does the かみしばい man use to call the neighborhood children? _____

3. Children purchase _____ as they watch the かみしばい.

IV. 漢字コーナー： Write the underlined words in *kanji*.

1. わたしは　ともだちと　でんわで　はなすことが　いちばん　すきです。

2. てらもとさんは　「なんじに　あいましょうか。」と　ききました。

3. ちちは　「きょうは　でんしゃで　かえるよ。」と　いいました。

I. Circle the most appropriate word depending on what you think.

1. 明日　お天気は　（はれ, くもり, 雨）だと　思います。

2. （コーラ, 牛乳）の方が　（コーラ, 牛乳）より　おいしいと　思います。

3. カフェテリアの　食べ物は　（いつも　おいしい, 時々　おいしい,

　あまり　おいしくない）と　思います。

4. 私の　日本語の　先生は　多分　すしが　（好きだ, 好きではない）と

　思います。

5. （父, 母）は　（父, 母）ほど　きびしくないと　思います。

6. 私の　両親は　（おみあい, れんあい）の　結婚だったと　思います。

7. 次の　日本語の　試験は　（むずかしい, むずかしくない）と　思います。

II. Write three of your own sentences expressing your opinion, using ～と　おもいます.

1. ＿＿＿＿＿＿＿＿＿＿＿＿＿＿＿＿＿＿＿＿＿＿＿＿＿

2. ＿＿＿＿＿＿＿＿＿＿＿＿＿＿＿＿＿＿＿＿＿＿＿＿＿

3. ＿＿＿＿＿＿＿＿＿＿＿＿＿＿＿＿＿＿＿＿＿＿＿＿＿

III. Change the following direct quotations to indirect quotations.

Ex. あきらさんは　「食べます。」と　言いました。

　→　あきらさんは食べると言いました。＿＿＿＿＿＿＿＿

1. ジョンさんは　「来年　日本へ　行きます。」と　言いました。

　→　＿＿＿＿＿＿＿＿＿＿＿＿＿＿＿＿＿＿＿＿

2. 山田さんは　「何時に　家に　帰りますか。」と　聞きました。

　→　＿＿＿＿＿＿＿＿＿＿＿＿＿＿＿＿＿＿＿＿

十一課

IV. Cultural Notes: Answer the following questions in English, except for # 2.

1. What are the two types of marriages in Japan?

_____ and _____

2. Which would you prefer? (Write a comparison sentence in Japanese.)

_____

3. How do families get involved in arranged marriages?

_____

4. What act becomes difficult to do after a face-to-face meeting?

_____

V. 漢字コーナー：Write the underlined *hiragana* in *kanji*.

1. シャツは いま セールちゅうで にせんえんで うって います。

2. たまこさんは あめのひに いえで ほんを よむのが すきです。

3. わたしは にちようびに でんしゃで きょうかいに いきました。

4. おてんきが よくないから、はやく かえりましょう。

5. かわもとさんは わたしに 「かんじを いくつ かけますか。」と

ききました。

I. Circle 本当 for true and うそ for false, according to the Japanese folk tale "ねずみのよめいり."

1. （本当　うそ）チュウ子さんの　家族は　とても　びんぼうでした。

2. （本当　うそ）チュウきちさんは　お父さんに　「チュウ子さんと

　　　　　　　　結婚したいんです。」と　言いました。

3. （本当　うそ）お父さんは　はじめに　世界で　一番　えらい　方は

　　　　　　　　くもさんだと　思いました。

4. （本当　うそ）お日さまは　「くもさんは　私より　暗いです。

　　　　　　　　だから、くもさんの方が　私より

　　　　　　　　えらいんですよ。」と　言いました。

5. （本当　うそ）かぜさんは　かべさんほど　えらくありません。

6. （本当　うそ）ねずみは　かべに　あなを　開けて　しまいます。

7. （本当　うそ）チュウきちさんは　お父さんと　結婚しました。

II. Answer the questions based on what you think. Answer in complete sentences, using Japanese.

1. あなたは　この　週末に　何を　すると　思いますか。

＿＿＿＿＿＿＿＿＿＿＿＿＿＿＿＿＿＿＿＿＿＿＿＿＿＿＿＿＿＿＿

2. あなたは　ばんごはんに　何を　食べると　思いますか。

＿＿＿＿＿＿＿＿＿＿＿＿＿＿＿＿＿＿＿＿＿＿＿＿＿＿＿＿＿＿＿

3. あなたは　いっしょうけんめい　日本語を　勉強していると　思いますか。

＿＿＿＿＿＿＿＿＿＿＿＿＿＿＿＿＿＿＿＿＿＿＿＿＿＿＿＿＿＿＿

4. 漢字の　勉強は　おもしろいと　思いますか。

＿＿＿＿＿＿＿＿＿＿＿＿＿＿＿＿＿＿＿＿＿＿＿＿＿＿＿＿＿＿＿

十一課

III. 漢字コーナー：

A. Write the *kanji* that has an opposite meaning.

1. 男 ⇔ ☐   2. 母 ⇔ ☐   3. 学生 ⇔ ☐☐

4. 山 ⇔ ☐   5. 中 ⇔ ☐   6. 大きい ⇔ ☐さい

7. 上 ⇔ ☐   8. 行く ⇔ ☐る   9. 安い ⇔ ☐い

B. Fill in the blanks with the correct *kanji* from the list below.

1. 一時間は六十＿＿＿です。

2. 私は毎あさ七時に家を＿＿＿かけて、学校へ行きます。

3. すみません、もう一度＿＿＿って下さい。

4. 母のしゅみは本を＿＿＿むことです。

5. あしたのお天＿＿＿はわるいですねえ。雨ですよ。

6. ゆうべ映画を見て、おそく家へ＿＿＿りました。

7. 父は日本語も中国語も少し＿＿＿せます。

8. ジョンさんは私に「だれが好きですか。」と＿＿＿きました。

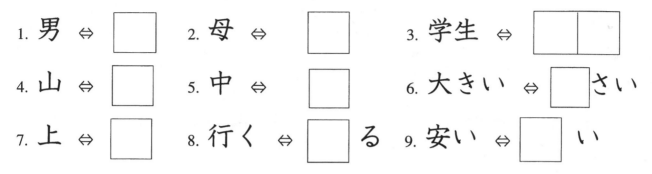

気　話　聞　言　帰　分　読　出

名前<ruby>なまえ<rt>なまえ</rt></ruby>:＿＿＿＿＿＿＿＿＿＿＿＿

日付<ruby>ひづけ<rt>ひづけ</rt></ruby>:＿＿＿＿＿＿＿＿＿＿＿＿

You may not understand all the Japanese on the CD,
but use the context to help you comprehend as much as you can!

I. Listen to the statements and mark each true or false based on the folk tale "ねずみのよめいり."

1.　(A. True　B. False)

4.　(A. True　B. False)

2.　(A. True　B. False)

5.　(A. True　B. False)

3.　(A. True　B. False)

6.　(A. True　B. False)

II. Listen to the statements about the Japanese folk tale "ねずみのよめいり" and mark each statement true or false.

7.　(A. True　B. False)

8.　(A. True　B. False)

9.　(A. True　B. False)

10.　(A. True　B. False)

11.　(A. True　B. False)

12.　(A. True　B. False)

13.　(A. True　B. False)

14.　(A. True　B. False)

15.　(A. True　B. False)

十一課

16. (A. True   B. False)

17. (A. True   B. False)

18. (A. True   B. False)

19. (A. True   B. False)

20. (A. True   B. False)

21. (A. True   B. False)

22. (A. True   B. False)

23. (A. True   B. False)

24. (A. True   B. False)

III. Listen to the conversation between Ken and Jill. Choose true or false for each statement.

25. (A. True   B. False)   There is a party tomorrow.

26. (A. True   B. False)   The party is at Ken's house.

27. (A. True   B. False)   Ken's teacher said that there would be a party.

28. (A. True   B. False)   Ai is going to visit Japan.

29. (A. True   B. False)   Ken bought earrings for Ai.

30. (A. True   B. False)   Jill is going to buy a CD.

31. (A. True   B. False)   Jill will bring drinks to the party.

Write your own folk tale in Japanese. Create characters for your story and describe who, where, when, why, etc. Try to use the vocabulary and grammar patterns you learned in this lesson.

<u>Brainstorm:</u>

<u>Outline:</u>

Introduction:

Body:

Summary:

十一課

How to use *genkoyoshi* (Japanese composition paper).

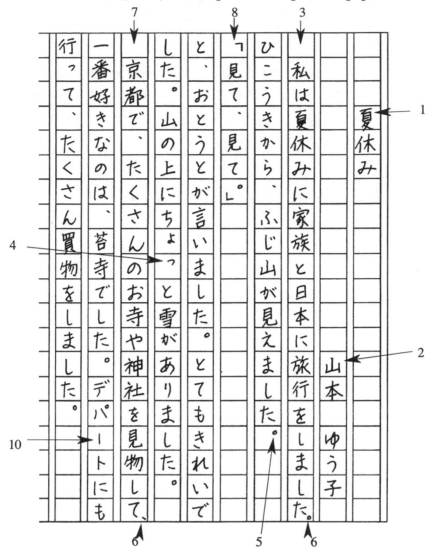

1. Title: Write on the first line. Leave three to four spaces at the top before writing the title.

2. Name: Write on the second line. Write your last name first. Leave a space and write your first name. Leave one space at the bottom of the line.

3. Body: Start writing your composition on the line following your name. Indent one space.

4. For small letters such as "っ" and "や," use one space and write them in the upper right part of the square.

5. Periods and commas: Use one space. Write in the upper right part of the square.

6. Do not write periods or commas at the beginning of a new line. Instead, write them at the bottom of the line within the space of the previous character, as indicated.

7. New paragraph: Indent one space.

8. When a sentence starts with ⌐ or ⌒, use one space as indicated.

9. Do not use ∟ or ⌣ at the top of a new line. Instead, write it at the end of the sentence within the space of the previous character at the bottom of the sheet.

10. For *katakana* vowel lengthening, use │ as indicated. Use one space.

十一課

名前:＿＿＿＿＿＿＿＿＿＿＿＿＿＿＿＿＿

日付:＿＿＿＿＿＿＿＿＿＿＿＿＿＿＿＿＿

I. Your class is going to put on the play "Mouse Wedding." In the blanks below, write which of your classmates will play each part. If your group hasn't decided on the parts yet, write down which classmate you think should play the part.

1.＿＿＿＿＿＿＿＿＿＿＿さんが　お父さんの　ねずみに　なります。

2.＿＿＿＿＿＿＿＿＿＿＿さんが　お母さんの　ねずみに　なります。

3.＿＿＿＿＿＿＿＿＿＿＿さんが　チュウ子さんに　なります。

4.＿＿＿＿＿＿＿＿＿＿＿さんが　チュウきちさんに　なります。

5.＿＿＿＿＿＿＿＿＿＿＿さんが　お日さまに　なります。

6.＿＿＿＿＿＿＿＿＿＿＿さんが　くもさんに　なります。

7.＿＿＿＿＿＿＿＿＿＿＿さんが　かぜさんに　なります。

8.＿＿＿＿＿＿＿＿＿＿＿さんが　かべさんに　なります。

9.＿＿＿＿＿＿＿＿＿＿＿さんが　ナレーターに　なります。

II. You have been asked the following questions. Fill in the blanks based on your situation.

1. 質問：山田さんは　しょうらい(future)　何に　なりたいですか。

　　答え：山田さんは　＿＿＿＿＿＿＿＿＿＿＿＿＿＿＿＿＿＿＿＿＿。

　　　　　　　　　　　　wants to become a Japanese teacher.

2. 質問：あなたは　しょうらい(future)　何に　なりたいですか。

　　答え：私は　＿＿＿＿＿＿＿＿＿＿＿＿＿＿＿＿＿＿。

　　　　　　　　　　　want to become 〜.

3. 質問：あなたは　子どもの　時に(When you were a child)　何に　なりたかった

　　　　　ですか。

　　答え：私は　子どもの　時に　＿＿＿＿＿＿＿＿＿＿＿＿＿＿＿＿。

　　　　　　　　　　　　　　　　wanted to become 〜.

4. 質問：あなたは　今年　何さいに　なります／なりましたか。

　　答え：私は　＿＿＿＿＿＿＿に　＿＿＿に　なります／なりました。

　　　　　　　(date of your birthday)　　(your age)

十二課

II. 漢字コーナー：Complete the following sentences by choosing the correct *kanji* from the box below.

1. 私は毎日あさごはんを七時ごろに＿＿＿＿べます。

2. 父はあさ八時半ごろに家を＿＿＿＿かけます。

3. 女のシャツやセーターはこのデパートの三がいで＿＿＿＿っています。

4. 毎日四時ごろに家へ＿＿＿＿ります。

5. ぼくは車の中でいつもおんがくを＿＿＿＿いています。

6. 土曜日のよるおもしろい映画を＿＿＿＿ました。

7. おじいさんは「おもちがおいしい。」と＿＿＿＿いました。

8. 私は少し日本語が＿＿＿＿せますが、まだ下手です。

9. 毎日、漢字を＿＿＿＿くはずですが、時々わすれます。

10. 日曜日にピクニックをしますから、ぜび＿＿＿＿て下さい。

11. 母は日本語がぜんぜん＿＿＿＿かりません。

12. 来年のなつやすみにいっしょに日本へ＿＿＿＿きませんか。

13. 私は図書館でざっしや新聞を＿＿＿＿みます。

14. 今、お金を五ドルだけ＿＿＿＿っています。

15. 映画は八時にはじまりますから、映画館の前で七時半に＿＿＿＿いましょう。

16. 学校の前で＿＿＿＿っていますから、早くむかえに来て下さい。

17. 私は日本で＿＿＿＿まれましたが、アメリカにすんでいます。

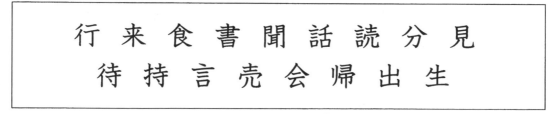

行 来 食 書 聞 話 読 分 見
待 持 言 売 会 帰 出 生

アドベンチャー日本語2

12課 Listening Exercises

名前:＿＿＿＿＿＿＿＿＿＿＿

日付:＿＿＿＿＿＿＿＿＿＿＿

You may not understand all the Japanese on the CD,
but use the context to help you comprehend as much as you can!

I. Listen to the conversation.

A. Choose the occupation each of the following people would like in the future. Use the list on the right.

1. Ken   (   )

2. Mari   (   )

3. Lisa   (   )

4. Ken's brother (   )

5. Lisa's sister (   )

A. police officer
B. lawyer
C. teacher
D. mother
E. doctor

しょうらい future

B. Match each person's occupational choice with the correct reason.

6. Ken wants to be in this occupation because   (   )

7. Mari wants to be in this occupation because   (   )

8. Lisa wants to be in this occupation because   (   )

9. Ken's brother wants to be in this occupation because (   )

10. Lisa's sister wants to be in this occupation because (   )

A. he/she wants to be rich.
B. of his/her father.
C. he/she wants a happy family.
D. he/she likes the workplace.
E. he/she likes the uniform.

II. Japanese folk tales:

A. Listen to each story and identify the picture that matches it.

11. (   )   12. (   )   13. (   )   14. (   )   15. (   )

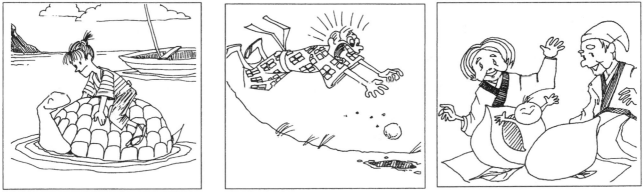

A.   B.   C.

161

十二課

D.

E.

Useful vocabulary:

もも peach	おに ogre	ぬすみます steal	さらいます to kidnap
たいじします to terminate		きじ pheasant	かめ turtle
たたいて to hit	りゅうぐうじょう a castle in the ocean		けむり smoke
ほります to dig	おこって to get angry	ころします to kill	うめます to bury
かみなり thunder	たおれて to fall	うす mortar	もやして to burn
はい ash	かかります to be sprinkled		さきます to blossom
のぼります to climb		まきます to scatter	おとのさま a lord
ろうや prison	いれて to put in	たけやぶ bamboo forest	たけ bamboo
きります to cut	ないて to cry	まんげつ full moon	

B. Choose A for true or B for false based on the stories.

16. (A. True   B. False)   An old man found a big peach.

17. (A. True   B. False)   A dog, monkey and turtle went on a journey with *Momotaro*.

18. (A. True   B. False)   The good old man was very generous.

19. (A. True   B. False)   The bad old man was finally killed.

20. (A. True   B. False)   *Kaguyahime* was crying all the time because she knew she had to go back to the moon soon.

名前<ruby>名前<rt>なまえ</rt></ruby>:＿＿＿＿＿＿＿＿＿＿＿＿＿＿＿＿＿＿

<ruby>日付<rt>ひづけ</rt></ruby>:＿＿＿＿＿＿＿＿＿＿＿＿＿＿＿＿＿＿

I. Complete the following sentences by writing the appropriate location chosen from the words below.

1. チョコレートやガムを<ruby>買<rt>か</rt></ruby>いたいんですが、この<ruby>辺<rt>へん</rt></ruby>に＿＿＿＿＿＿が

   ありますか。

2. ライオンやさるを見たいんですが、＿＿＿＿＿＿は、どこですか。

3. <ruby>午前<rt>ごぜん</rt></ruby>十時の<ruby>飛行機<rt>ひこうき</rt></ruby>で日本に行くんですよ。今から＿＿＿＿＿＿へ出かけます。

4. バスに<ruby>乗<rt>の</rt></ruby>りたいんですけどね。＿＿＿＿＿＿は、どこにありますか。

5. 手<ruby>紙<rt>がみ</rt></ruby>を日本に出したいんですが、この<ruby>辺<rt>へん</rt></ruby>に＿＿＿＿＿＿がありますか。

6. 今お金がありませんから、＿＿＿＿＿＿へ行って、お金を出して来ますね。

7. ちょっと母に電話しなければならないんですが、＿＿＿＿＿＿はどこですか。

8. この車をとめたいんですが、この<ruby>辺<rt>へん</rt></ruby>に＿＿＿＿＿＿がありますか。

9. 六時の<ruby>新幹線<rt>しんかんせん</rt></ruby>で<ruby>京都<rt>きょうと</rt></ruby>へ行くつもりです。＿＿＿＿＿＿は<ruby>近<rt>ちか</rt></ruby>いですか。

10. コーヒーを<ruby>飲<rt>の</rt></ruby>んで、お話をしましょう。＿＿＿＿＿＿へ行きましょう。

11. ジャケットと<ruby>時計<rt>とけい</rt></ruby>を<ruby>買<rt>か</rt></ruby>いたいんですが、いい＿＿＿＿＿＿を<ruby>知<rt>し</rt></ruby>っていますか。

12. ＿＿＿＿＿＿でピクニックをしましょうか。

13. 本を<ruby>借<rt>か</rt></ruby>りたいんですが、いい＿＿＿＿＿＿を<ruby>知<rt>し</rt></ruby>っていますか。

14. この<ruby>町<rt>まち</rt></ruby>にキリスト<ruby>教<rt>きょう</rt></ruby>の＿＿＿＿＿＿がありますか。この<ruby>地図<rt>ちず</rt></ruby>で<ruby>教<rt>おし</rt></ruby>えて下さい。

15. <ruby>有名<rt>ゆうめい</rt></ruby>なピカソの<ruby>絵<rt>え</rt></ruby>が見れると聞きましたが、どの＿＿＿＿＿＿ですか。

<ruby>美術館<rt>びじゅつかん</rt></ruby>	<ruby>空港<rt>くうこう</rt></ruby>	コンビニ	<ruby>図書館<rt>としょかん</rt></ruby>	<ruby>駐車場<rt>ちゅうじょう</rt></ruby>
<ruby>駅<rt>えき</rt></ruby>	デパート	<ruby>教会<rt>きょうかい</rt></ruby>	バス<ruby>停<rt>てい</rt></ruby>	<ruby>郵便局<rt>ゆうびんきょく</rt></ruby>
<ruby>喫茶店<rt>きっさてん</rt></ruby>	<ruby>公園<rt>こうえん</rt></ruby>	<ruby>公衆電話<rt>こうしゅうでんわ</rt></ruby>	<ruby>銀行<rt>ぎんこう</rt></ruby>	<ruby>動物園<rt>どうぶつえん</rt></ruby>

十三課

II. You are waiting for a bus at the bus stop near your school. A Japanese tourist asks you the following questions. Circle the correct answer based on fact.

日本人：あのう... ちょっと伺いますが、この辺に動物園がありますか。

あなた：動物園ですか。動物園は ここから{近い, 遠い}ですよ。

日本人：ここから動物園までどのぐらいかかりますか。

あなた：そうですねえ... {タクシーで, 歩いて} {五分, 三十分, 一時間, 二時間}ぐらいでしょう。

日本人：どうもありがとうございました。

III. Describe the following with two adjectives.

Ex. この学校は 広くて、きれいです。

1. 私の友だちは _____。

2. カフェテリアの食べ物は _____。

3. 学校の図書館は _____。

IV. 漢字コーナー：   Complete the following description of the picture by filling in the blanks with the appropriate kanji. Choose the kanji from the box.

バーバラさんは _____の _____に います。

バーバラさんは ひらがなを _____の

_____で _____いて います。

犬は _____の 前で 寝て います。

猫は _____の _____で 寝て います。

ケンさんは _____の _____で _____を

_____んで います。

ジョンさんは _____の 前で かわいい

_____の _____と _____して います。

ジョンさんは _____の _____に かぎ (key)を

_____って います。

上	下	中	右	左	手
家	木	本	話	読	書
持	女	男	子	車	

十三課   164

アドベンチャー日本語２
ワークシート１３課ー２

名前:＿＿＿＿＿＿＿＿＿＿＿＿＿＿＿

日付:＿＿＿＿＿＿＿＿＿＿＿＿＿＿＿

I. Based on each of the maps, write the name of the person who correctly followed each of the routes described.

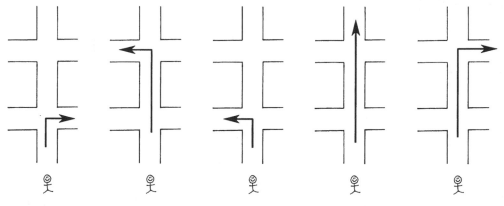

米中　　　山本　　　木下　　　川口　　　安田

Ex.（米中）この道をまっすぐ行って、次の交差点で右に曲がって下さい。

1.（　　）この道をまっすぐ行って、二番目の交差点で左に曲がって下さい。

2.（　　）この道をまっすぐ行って、次の交差点で左に曲がって下さい。

3.（　　）この道をまっすぐ行って、二番目の交差点ももっとまっすぐ行って下さい。

4.（　　）この道をまっすぐ行って、二番目の交差点で右に曲がって下さい。

II. Study the map below. Complete the following sets of directions by filling in the names of the correct establishments chosen from the box below.

Ex. この道をまっすぐ行って、二番目の交差点で右に曲がると、

（さかなや）はその道の右側の三番目のお店です。

1.この道をまっすぐ行って、次のかどで左に曲がると、

（　　　　　　　　）はその道の右側の三番目のお店です。

2.この道をまっすぐ行って、二番目の交差点で右に曲がると、

（　　　　　　　　）はその道の左側の三番目の建物です。

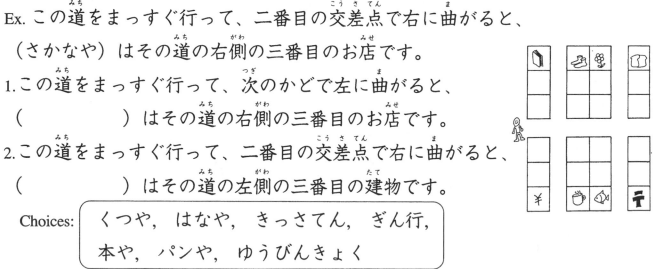

Choices:　くつや，　はなや，　きっさてん，　ぎん行，

本や，　パンや，　ゆうびんきょく

十三課

III. Fill in each blank with the correct particle. Use X if no particle is required.

日本人：あのう... ちょっと　うかがいます（　　　）、

　　　　この辺（　　　）バス停（　　　）ありますか。

　　　　大学（　　　）行きたいんです。

あなた：バス停ですね。この道（　　　）まっすぐ（　　　）

　　　　行って、次（　　　）交差点（　　　）むこう（　　　）

　　　　渡って下さい。

日本人：ああ ... あの（　　　）交差点ですね。

あなた：そうです。その道（　　　）右（　　　）少し（　　　）行くと、

　　　　図書館（　　　）ありますよ。あの（　　　）白い（　　　）建物です。

　　　　見えますか。

日本人：はい、あの（　　　）白くて、高い（　　　）建物ですね。

あなた：そうです。バス停は　図書館（　　　）入口（　　　）前（　　　）

　　　　あります。

日本人：そうですか。よくわかりました。ありがとうございました。

あなた：どういたしまして。

IV. Change the verb to the correct form.

Ex.（まがります）　　右に<u>まがると</u>、橋があります。

1.（わたります）　　この橋を＿＿＿＿＿＿＿＿、病院があります。

2.（行きます）　　まっすぐ＿＿＿＿＿＿＿＿、右に美術館があります。

V. 漢字コーナー：Write the antonym (opposite) in *kanji*.

Ex. 中　　⇔　<u>　外　</u>　　　3.上　⇔ ＿＿＿＿＿　　　6.右　　⇔ ＿＿＿＿＿＿

1.入口　⇔ ＿＿＿＿＿　　　4.女　⇔ ＿＿＿＿＿　　　7.高い　⇔ ＿＿＿＿＿＿

2.飲み物 ⇔ ＿＿＿＿＿　　　5.父　⇔ ＿＿＿＿＿　　　8.大きい⇔ ＿＿＿＿＿＿

I. Read this story written by a Japanese student. Then complete the following statements by
   choosing the correct responses.

私の名前は安田けい子。高校の二年です。私は毎朝六時ごろに起きます。朝御飯を食べて、少し新聞を読んで、七時ごろ家を出ます。学校へは近くの友達と電車で行きます。電車は毎朝とてもこんでいますから、電車の中で何も出来ません。すわることも出来ません。電車で学校までたいてい四十分くらいかかります。学校に八時前に着きます。学校は八時半にはじまります。学校が三時半に終わって、バスケットの練習をして、五時ごろ家へ帰ります。帰りの電車はあまりこんでいませんから、すわれます。たいていウォークマンで音楽を聞いていますが、つかれているから、時々寝てしまいます。

1. Keiko is a {A. freshman B. sophomore C. junior D. senior}.

2. Keiko's family name is {A. Yasuda B. Yasuta C. Takata D. Takada}.

3. Keiko wakes up at about {A. 5:00 B. 6:00 C. 7:00 D. 8:00}.

4. Keiko {A. reads the paper B. watches TV C. listens to the radio} in the morning.

5. Keiko leaves home at around {A. 5:00 B. 6:00 C. 7:00 D. 8:00}.

6. Keiko goes to school {A. with her friend B. with her father C. with her sister D. alone}.

7. The electric train is {A. crowded B. not crowded} in the morning.

8. There {A. are B. aren't} seats on the electric train in the morning.

9. It takes about {A. 30 minutes B. 40 minutes C. 60 minutes} for Keiko to get to school.

10. The electric train is {A. crowded B. not crowded} on the way home.

11. There {A. are B. aren't} seats on the electric train on Keiko's way home.

12. Keiko sometimes {A. falls asleep B. talks to her friend C. listens to music} in the electric train.

十三課

II. What is your daily routine in the morning? Write your answers to the following questions in Japanese.

1.あなたは朝、何時ごろ起きますか。　＿＿＿＿＿＿＿＿＿＿＿＿＿＿＿

2.家を何時ごろ出ますか。　＿＿＿＿＿＿＿＿＿＿＿＿＿＿＿

3.学校に何時ごろ着きますか。　＿＿＿＿＿＿＿＿＿＿＿＿＿＿＿

4.家から学校までどのぐらいありますか。　＿＿＿＿＿＿＿＿＿＿＿＿＿＿＿

5.家から学校までどのぐらいかかりますか。　＿＿＿＿＿＿＿＿＿＿＿＿＿＿＿

6.学校へ何で来ますか。　＿＿＿＿＿＿＿＿＿＿＿＿＿＿＿

7.あなたは車を運転しますか。　＿＿＿＿＿＿＿＿＿＿＿＿＿＿＿

III. 漢字コーナー：Write the underlined *hiragana* in *kanji*.

1.わたしの　なまえは　やすだです。

2.ちちの　かいしゃは　この　たてものの　なかに　あります。

3.みぎの　ドアは　いりぐちで、ひだりの　ドアは　でぐちです。

4.てらまちどおりを　まっすぐ　いって、よんばんめの　交差点を　みぎに

まがると、道の　ひだりに　がっこうの　もんが　ありますよ。

アドベンチャー日本語２

ワークシート１３課ー４

名前:＿＿＿＿＿＿＿＿＿＿＿＿＿＿＿

日付:＿＿＿＿＿＿＿＿＿＿＿＿＿＿＿

I. Which answer is true? Circle the correct answer based on fact.

1. 日本へ　飛行機で　行くのと　船で　行くのと　どちらの方が　速いですか。

　　A. 飛行機で　行く方が　船で　行くより　ずっと　速いです。

　　B. 船で　行く方が　飛行機で　行くより　ずっと　速いです。

2. アメリカ人には　スペイン語を　勉強するのと　日本語を　勉強するのと　どっちの方が　やさしいですか。

　　A. スペイン語を　勉強する方が　日本語を　勉強するより　やさしいです。

　　B. 日本語を　勉強する方が　スペイン語を　勉強するより　やさしいです。

3. 走るのと　歩くのと　どちらの方が　速いですか。

　　A. 走る方が　歩くより　速いです。

　　B. 歩く方が　走るより　速いです。

II. Circle your answer to the following comparative questions. Then translate the comparative questions into Japanese and write your answers in Japanese.

Ex. Which do you like better?　Ⓐ Swimming　B. Playing tennis

　　質問：およぐのと　テニスを　するのと　どちらの方が　好きですか。

　　私の答え：およぐ方が　テニスを　するより　好きです。

1. Which do you like better?　A. Reading books　B. Watching TV.

　　質問：＿＿＿＿＿＿＿＿＿＿＿＿＿＿＿＿＿＿

　　私の答え：＿＿＿＿＿＿＿＿＿＿＿＿＿＿＿

2. Which do you like better?　A. Doing homework　B. Cleaning your room

　　質問：＿＿＿＿＿＿＿＿＿＿＿＿＿＿＿＿＿＿

　　私の答え：＿＿＿＿＿＿＿＿＿＿＿＿＿＿＿

十三課

III. Rewrite each sentence below. Use ほど without changing the meaning.

Ex. 映画に 行く方が ダンスに 行くより 好きです。

　＝ <u>ダンスに 行くのは 映画に 行くほど 好きではありません。</u>

1. 学校へは 車で 行く方が バスで 行くより 速いです。

　＝ _____

2. 日本語を 話す方が 日本語を 書くより 楽しいです。

　＝ _____

3. スポーツを する方が スポーツを 見るより 好きです。

　＝ _____

IV. Write the correct particles in the ( ). Use X if no particle is required.

日本人：あの ...すみませんが、この辺 (　　) 美術館 (　　) ありますか。

あなた：美術館ですか。ええ、近いですよ。

日本人：ここ (　　) 美術館 (　　) どのぐらい (　　) ありますか。

あなた：そうですねえ... 車 (　　) 十分ぐらい (　　) かかります。

日本人：バス (　　) 行く (　　) と 歩いて行く (　　) と

　　　　どちら (　　) 方 (　　) 速いですか。

あなた：そうですねえ ... 歩いて行く (　　) 方 (　　) バス (　　)

　　　　行く (　　) より 速いでしょう。

日本人：そうですか。どうもありがとうございました。

III. 漢字コーナー : Write the underlined *hiragana* in *kanji*.

<u>とだ</u>さんの <u>がっこう</u>の <u>なまえ</u>は <u>やまなかこうこう</u>で、<u>いえ</u>から

とても <u>ちか</u>いから、<u>まいにち</u> あるいて <u>い</u>きます。

名前:＿＿＿＿＿＿＿＿＿＿＿＿＿＿

日付:＿＿＿＿＿＿＿＿＿＿＿＿＿＿

I. Read the dialogue from Lesson 13 and circle true or false.

1. （正しい　ちがう）この日本人は動物園へ行きたいです。

2. （正しい　ちがう）動物園は近いです。

3. （正しい　ちがう）ケンさんは日本人に、「このとおりをまっすぐ行って、
次の交差点を右にまがって。」と言いました。

4. （正しい　ちがう）二番目の交差点の所に、白くて高い建物があります。

5. （正しい　ちがう）動物園へは二度かどをまがらなければなりません。

6. （正しい　ちがう）この日本人は郵便局へも行きたいです。

7. （正しい　ちがう）この日本人は動物園へ行く前に、郵便局へ行くつもり
です。

8. （正しい　ちがう）郵便局へは、歩くよりバスで行く方が速いです。

9. （正しい　ちがう）今、道はすいています。

10. （正しい　ちがう）郵便局までバスで二十分ぐらいかかります。

II. Answer the questions. Use *kanji*.

1. 日本語を話すのと、聞くのと、どちらの方がむずかしいですか。
(Use より.)

＿＿＿＿＿＿＿＿＿＿＿＿＿＿＿＿＿＿＿＿＿＿＿＿＿＿＿＿＿＿

2. 買い物に行くのと、家にいるのと、どちらの方が好きですか。(Use ほど.)

＿＿＿＿＿＿＿＿＿＿＿＿＿＿＿＿＿＿＿＿＿＿＿＿＿＿＿＿＿＿

3. あなたの家から空港へ行くのと、動物園へ行くのと、学校へ行くのとで、
どこへ行くのが一番近いですか。

＿＿＿＿＿＿＿＿＿＿＿＿＿＿＿＿＿＿＿＿＿＿＿＿＿＿＿＿＿＿

III. Fill in the ( ) with the correct particle from the list below. You may use a particle more than once.

1. 三番目 （ ）　かど（ ）　左（ ）　まがります。

2. この　とおり（ ）　もう少し（ ）　まっすぐ（ ）　行きます。

3. つぎの　かど（ ）　右（ ）　まがります。

4. つぎの　こうさてん（ ）　わたります。

5. すると、動物園（ ）　前（ ）　出ます。

6. 郵便局（ ）　銀行（ ）　右（ ）　あります。

7. 北（ ）　行きます。

8. 山の方（ ）　行きます。

```
の　を　に　は　X (no particle)
```

IV. 漢字コーナー：

Fill in the blanks with the *kanji* that best fits each picture. Choose from the *kanji* in the box.

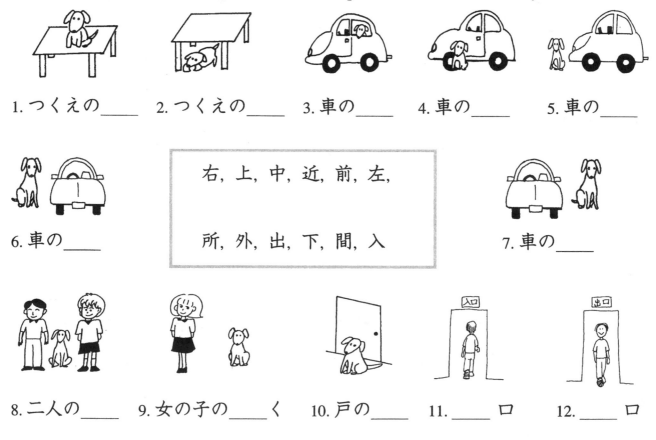

1. つくえの＿＿＿　　2. つくえの＿＿＿　　3. 車の＿＿＿　　4. 車の＿＿＿　　5. 車の＿＿＿

```
右, 上, 中, 近, 前, 左,

所, 外, 出, 下, 間, 入
```

6. 車の＿＿＿　　　　　　　　　　　　　　　　　　　　　7. 車の＿＿＿

8. 二人の＿＿＿　　9. 女の子の＿＿＿く　　10. 戸の＿＿＿　　11. ＿＿＿口　　12. ＿＿＿口

You may not understand all the Japanese on the CD,
but use the context to help you comprehend as much as you can!

I. Listen to each set of directions and choose the picture that best matches the directions.

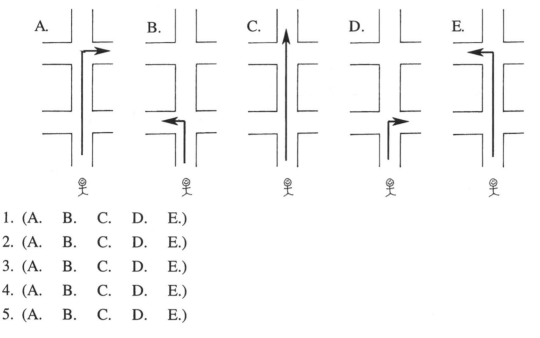

1. (A.   B.   C.   D.   E.)
2. (A.   B.   C.   D.   E.)
3. (A.   B.   C.   D.   E.)
4. (A.   B.   C.   D.   E.)
5. (A.   B.   C.   D.   E.)

II. Listen to the directions and identify your destination. Begin at the same starting point each time.

6. (A.   B.   C.   D.   E.)
7. (A.   B.   C.   D.   E.)
8. (A.   B.   C.   D.   E.)
9. (A.   B.   C.   D.   E.)
10. (A.   B.   C.   D.   E.)

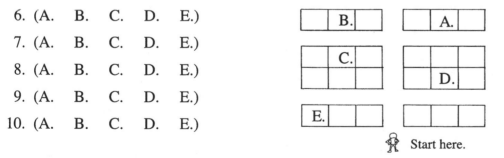

Start here.

III. Listen to the interview and choose the correct answer for each statement.

11. Mr. Harada leaves home (A. after   B. before   C. at about   D. just at) 7:00 in the morning.

12. Mr. Harada thinks that his company is (A. not very far   B. not at all far   C. a little far
    D. very far) from his house.

13. Mr. Harada goes to his company by (A. car   B. bike   C. subway   D. electric train).

14. It takes about (A. 30   B. 35   C. 40   D. 45) minutes to get to his company.

15. Traffic is (A. very heavy   B. somewhat heavy   C. not very heavy   D. not at all heavy).

16. Going by car to the company takes a (A. shorter   B. longer) time than going by electric train.

十三課

IV. You are looking for the following places. A Japanese person will give you directions. Follow
each set of directions and circle the correct letter of the destination. Begin at the same starting point
each time.

17. 大学 (A: ア B: イ C: ウ D: エ E: オ)
18. みやこホテル (A: エ B: ケ C: コ D: サ E: タ)
19. コンビニ (A: ウ B: オ C: シ D: セ E: カ)
20. 本屋 (A: ス B: サ C: チ D: ツ E: テ)
21. きょうかい (A: チ B: タ C: ツ D: ソ E: ス)

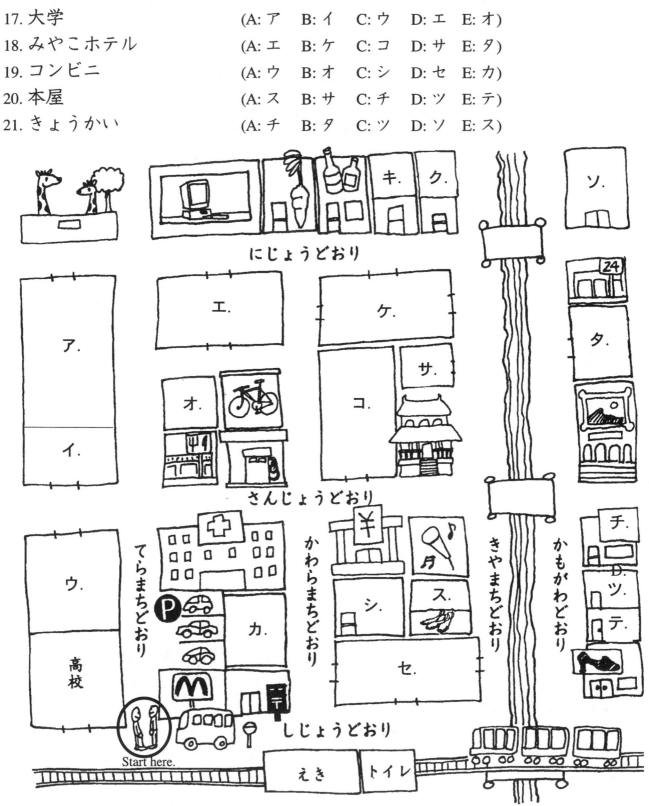

I. Answer the following questions. Circle はい or いいえ.

1. （はい　いいえ）　おすしの作り方を知っていますか。

2. （はい　いいえ）　ギターのひき方を知っていますか。

3. （はい　いいえ）　車の運転のし方を知っていますか。

4. （はい　いいえ）　おはしの使い方を知っていますか。

5. （はい　いいえ）　すきやきの作り方を知っていますか。

6. （はい　いいえ）　日本の着物の着方を知っていますか。

7. （はい　いいえ）　すきやきの食べ方を知っていますか。

8. （はい　いいえ）　日本語の手紙の書き方を知っていますか。

9. （はい　いいえ）　「立つ」の読み方を知っていますか。

II. Answer the following questions in Japanese.

1. 牛肉と　豚肉と　鳥肉の　中で　どれが　一番　好きですか。

_____

2. やさいの　中で　何が　一番　好きですか。何が　一番　きらいですか。

_____

3. くだ物の　中で　何が　一番　好きですか。

_____

4. いちごと　りんごと　どちらの方が　好きですか。

_____

5. 糸こんにゃくを　食べたことが　ありますか。

_____

6. あなたの　家の　台所の　かべは　何色ですか。台所は　広いですか。

_____

十四課

III. 漢字コーナー：

A. Write the readings for the following *kanji* in *hiragana*.

1. すきやきの　作り方　と　食べ方を　おしえて　下さい。
   　　　　　　　　（　　　）（　　　　）

2. 今日は　牛肉を　安く　売って　います。
   （　　　）（　　　）（　　　）（　　　）

B. *Hiragana* that complete a *kanji* reading are called *okurigana*. Write the correct *kanji* for the English word in the blank. Add *okurigana* if needed.

1. **Person**　　　　　　　　　　　　　　　_____

2. **What** (is a person carrying?)　　　_____

3. **Make** (a person who cuts wood makes two marks).　　_____

4. **Stand** (a person standing on the ground)　　_____

IV. クロスワードパズル：

Use *hiragana*.

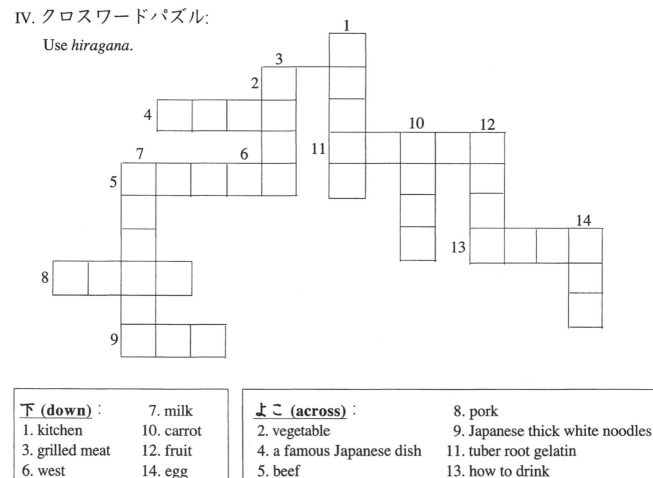

下 (down)：		よこ (across)：	
1. kitchen	7. milk	2. vegetable	8. pork
3. grilled meat	10. carrot	4. a famous Japanese dish	9. Japanese thick white noodles
6. west	12. fruit	5. beef	11. tuber root gelatin
	14. egg		13. how to drink

名前:＿＿＿＿＿＿＿＿＿＿＿＿＿＿＿＿＿

日付:＿＿＿＿＿＿＿＿＿＿＿＿＿＿＿＿＿

I. Fill in the blanks by writing the most appropriate words from among the choices given.

A. Choices: うすく，あつく，半分に，小さく，よく

まず、おなべを　（　　　　　　　）して、あぶらを　いれます。

つぎに、牛肉を（　thin　）きって、やさいは　（　　　　　　　）

あらって、　（　small　）きります。

いとこんにゃくは（　half　）きって　下さい。

B. Choices: つぎに，まず，おわりに，それから

（　　　　　　　）、手を　あらいましょう。

（　　　　　　　）、やさいを　洗って　下さい。

（　　　　　　　）、牛肉を　きって　下さい。

（　　　　　　　）、ぜんぶ　なべに　入れて、りょうりします。

II. 文化ノート: Answer the following questions.

1. やく means ＿＿＿＿＿＿＿＿＿＿＿＿＿＿＿＿＿＿＿＿in Japanese cooking.

2. Match the food with the correct verb "to boil."

Choices: 米，たまご，おゆ (hot water)

（　　　）をわかす，（　　　）をたく，（　　　）をゆでる

III. 漢字コーナー：

A. Look at the pictures below and write the correct kanji in the box.

1.　□　　　2.　□　　　3.　□

B. Rewrite the following sentences in hiragana.

1. 鳥肉と　牛肉と　魚の　中で、何が　一番　お好きですか。

（　　　　　　　　　　　　　　　　　　　　　　　）

2. 今日は　魚が　安いから、魚を　食べます。

（　　　　　　　　　　　　　　　　　　　　　　　）

十四課

IV. Complete the following dialogues using the choices provided below.

A. 日本語の先生：

1. 「うるさいですよ。（　　　　　　）して下さい。」
2. 「このつくえは　きたないですね。（　　　　　　）して下さい。」
3. 「あなたの書く漢字は　小さいですね。（　　　　　　）書いて下さい。」
4. 「前のしけんはやさしかったから、つぎのしけんはもう少し
　　（　　　　　　）しましょうね。」
5. 「この作文はみじかいですね。もう少し（　　　　　　）書いて下さい。」

> ながく，　むずかしく，　しずかに，　大きく，　きれいに

ホストファミリーのお母さん：

1. 「すきやきを　作りましょう。おなべを（　　　　　　）　して　下さい。」
2. 「すきやきは　ちょっと　からいですね。　さとうを　入れて、
　　（　　　　　　）　しましょう。」
3. 「すきやきは　今　ちょっと　あまいですね。　おしょうゆを　もう
　　少し　入れて、（　　　　　　）　しましょう。」
4. 「すきやきに　おさけを　少し　入れて、（　　　　　　）しましょう。」
5. 「りょうりの　あとには　おさらを　あらって、テーブルを
　　（　　　　　　）　しましょう。」

> おいしく，　きれいに，　あまく，　あつく，　からく

からい is salty
さとう sugar
あまい is sweet

アドベンチャー日本語２

ワークシート１４課ー３

名前:＿＿＿＿＿＿＿＿＿＿＿＿

日付:＿＿＿＿＿＿＿＿＿＿＿＿

I. Look at the pictures below. Complete the sentences with the appropriate responses.

Choices: 秋, 春, 冬, 夏, すずし, あたたか, さむ, あつ

1. (　　　　) に　なりました。(　　　　　) く　なりました。
2. (　　　　) に　なりました。(　　　　　) く　なりました。
3. (　　　　) に　なりました。(　　　　　) く　なりました。
4. (　　　　) に　なりました。(　　　　　) く　なりました。

1.　　2.　　3.　　4.

II. Answer the following questions in Japanese. Then provide reasons for your answers.

1. はやく　大人に　なりたいですか。　なぜですか。

＿＿＿＿＿＿＿＿＿＿＿＿＿＿。　＿＿＿＿＿＿＿＿＿＿＿から。

2. 将来、何に　なりたいですか。　なぜですか。

＿＿＿＿＿＿＿＿＿＿＿＿＿＿。　＿＿＿＿＿＿＿＿＿＿＿から。

III. 文化ノート：Answer the following questions in Japanese.

1. What are some traditional Japanese seasonings? Name seven.

＿＿＿＿ ＿＿＿＿ ＿＿＿＿ ＿＿＿＿ ＿＿＿＿ ＿＿＿＿ ＿＿＿＿

2. What are some other seasonings? Name three. ＿＿＿＿ ＿＿＿＿ ＿＿＿＿

IV. 漢字コーナー：Rewrite the following sentences in *hiragana*.

1. 今日は　いい　天気ですから、外は　多分　人が　多いでしょう。
（　　　　　　　　　　　　　　　　　　　　）
2. 雨でしたから、人が　少なくて、少しだけ　売れました。
（　　　　　　　　　　　　　　　　　　　　）

179

十四課

IV. Emily has a Japanese guest whom she has not seen for many years. The Japanese guest is very surprised at how Emily has changed. Fill in the blanks with the most appropriate words from the list below.

日本人：「わあ、せが（　　　　　　　）　なりましたねえ。五年前は、

　　　　　　　私の方が　エミリーより　せが　高かったわよ。」

エミリー：「そうですか。私は　もう　十七才ですよ。」

日本人：「そう？　そして、とても　（　　　　　　　）　なりましたねえ。」

エミリー：「そうですか。どうもありがとうございます。来月の　十日は

　　　　　　　私の　たんじょう日ですから、（　　　　　　　）　なります。」

日本人：「そうですか。今、何年生ですか。」

エミリー：「高校三年生です。もうすぐ　（　　　　　　　）　なります。」

日本人：「そうですか。ところで、エミリーは　日本語が　とても

　　　　　　　（　　　　　　　）　なりましたねえ。おどろきましたよ。」

エミリー：「そうですか。学校で　日本語を　べんきょうしていますからね。

　　　　　　　それに、将来は　日本語の（　　　　　　　）　なりたいんです。

　　　　　　　だから、日本語を　もっと　べんきょうしたいんですが、

　　　　　　　日本語は　前より　ずっと（　　　　　　　）　なりました。」

日本人：「そうですか。でも、がんばってね。明日、みんな　いっしょに

　　　　　　　食事に　行きませんか。」

エミリー：「ざんねんですが、私は　行けません。今　アルバイトを

　　　　　　　して　いて、来週　しけんも　あります。最近　とても

　　　　　　　（　　　　　　　）　なって、時間が　ありません。」

日本人：「しかたが　ありませんね。しけん、がんばってね。」

エミリー：「はい、がんばります。」

┌─────────────────────────────────┐
　　　いそがしく，　十八才に，　先生に，　きれいに，

　　　むずかしく，　高く，　大学生に，　上手に
└─────────────────────────────────┘

I. おやこどんぶり is a typical Japanese dish. Read the following recipe. Then circle 本当 for true
   or うそ for false statements. Finally, answer the questions below in Japanese.

おやこどんぶり

ざいりょう（４人分）：

ごはん	４カップ	みりん	1/4カップ
とり肉	300グラム（3/4ポンドぐらい）	しょうゆ	1/4カップ
しいたけ	４まい	お水	１ 3/4カップ
玉ねぎ	１こ		
たまご	４こ		

作り方：

まず、とり肉と玉ねぎを小さくきって下さい。つぎに、おなべにお水と
みりんとしょうゆを入れて、あつくします。そこに玉ねぎととり肉を入
れます。玉ねぎととり肉があつくなってから、たまごを入れて、にます。
にすぎると、たまごがかたくなってしまいますから、気をつけて下さい。
一分ぐらいでしょう。ごはんをどんぶりに入れて、その上にたまごとと
り肉をおきます。親子どんぶりが出来ました。食べてみて下さい。
    （たんご：かたい hard, にる cook）

---

1. （本当　うそ）　とり肉と玉ねぎを小さくきる。
2. （本当　うそ）　おなべをあつくして、あぶらを入れる。
3. （本当　うそ）　玉ねぎととり肉をにてから、ちょうみりょう(seasonings)を
   入れる。
4. （本当　うそ）　たまごをよくになければならない。
5. （本当　うそ）　たまごがかたいと、親子どんぶりはおいしくない。
6. （本当　うそ）　たまごととり肉の上にごはんをおく。
7. （本当　うそ）　たいてい親子どんぶりは、ごはんといっしょに食べる。
8. （本当　うそ）　親子どんぶりのちょうみりょうは、しょうゆとしおと
   さとうとみりんだ。

十四課

9.（本当　うそ）　親子どんぶりに牛肉を入れてもいい。

質問：あなたは親子どんぶりを食べたことがありますか。＿＿＿＿＿＿

　　　食べてみたいですか。＿＿＿＿＿＿＿＿＿＿＿＿＿＿＿＿＿

II. As shown in the example, complete the following sentences using the すぎます form. Choose from among the words below, and make appropriate changes.

> Choices: すっぱい, あまい, からい, きたない, しおからい, くらい,
> あかるい, 食べます, 見ます, のみます

Example. さとうをたくさん入れました。だから（　あますぎます　）。

1. レモンをたくさん入れました。だから、（　　　　　　　　　　）。

2. しおをたくさんい入れてしまいました。だから、（　　　　　　　　　　）。

3. タバスコをたくさん入れてしまいました。だから、（　　　　　　　　　　）。

4. 電気をけしましたから、へやは（　　　　　　　　　）。

5. 電気をつけましたから、へやは（　　　　　　　　　）。

6. 三か月もそうじをしていませんから、へやは（　　　　　　　　　）。

7. おなかがいっぱいです。（　　　　　　　　　）ました。

8. おさけをたくさんのみました。（　　　　　　　　　）ました。

9. 目がいたいです。テレビを（　　　　　　　　　）ました。

IV.　漢字コーナー：　Rewrite the following sentences in *hiragana*.

1. 父は毎日新聞を読みます。　　　2. 古い友だちに会った。

　（　　　　　　　　　　　　）（　　　　　　　　　　　　　　　　）

3. 少し魚りょうりを作りました。　　4. 日本に雨は多分多いでしょう。

　（　　　　　　　　　　　　）（　　　　　　　　　　　　　　　　）

名前:＿＿＿＿＿＿＿＿＿＿＿＿＿＿＿＿＿＿

日付:＿＿＿＿＿＿＿＿＿＿＿＿＿＿＿＿＿＿

I. Read the Lesson 14 dialogue between Ken and Mari and circle 本当 or うそ for each of the
statements below.

1. （本当　うそ）ケンがまりにすき焼きの作り方をおしえた。

2. （本当　うそ）すきやきには牛肉といとこんにゃくとくだ物を入れた。

3. （本当　うそ）ケンさんがざいりょう(ingredients)をきった。

4. （本当　うそ）牛肉はうすくきって、いとこんにゃくは半分にきった。

5. （本当　うそ）なべに牛肉を入れて、しおとしょうゆを入れる。

6. （本当　うそ）はじめに、ケンさんはさとうを入れすぎた。

7. （本当　うそ）まりさんは「しょうゆを入れて、からくしましょう。」と
言った。

8. （本当　うそ）すきやきは生たまごにつけて食べた。

9. （本当　うそ）まりさんが「おいしい。」と言った。

10.（本当　うそ）まりさんがかたづけた。

II. 漢字コーナー：　Some of the following words below are written with one *kanji* followed by い.
Others are written with *okurigana* that include more than just い. Write the
following words in *kanji* and the correct *okurigana*.

Ex. あたらしい　（　新しい　）　5. おおきい　（　　　　　）

1. ちいさい　（　　　　　）　6. すくない　（　　　　　）

2. ふるい　（　　　　　）　7. おおい　（　　　　　）

3. やすい　（　　　　　）　8. たかい　（　　　　　）

4. しろい　（　　　　　）　9. ちかい　（　　　　　）

十四課

III. Draw a picture of a person below and describe him/her using ～すぎます or ～すぎました.
You may use the words listed below. Make appropriate changes.

食べます, のみます, 読みます, 書きます, かいます, いそがしい,
せが高い, せいがひくい, 小さい, 大きい, あたまがいい,
あたまがわるい, うつくしい, たのしい, おもしろい, つまらない,
つよい, よわい, えらい, こわい, 気持ちがわるい, わかい,
年をとっています, かわいい, きびしい, やさしい, きたない, はやい,
おそい, 新しい, 古い, ながい, みじかい, あかるい, くらい, うるさい,
元気, きれい, 上手, 下手, しずか, 好き, 有名, etc.

1.＿＿＿＿＿＿＿＿＿＿＿＿＿＿＿＿

2.＿＿＿＿＿＿＿＿＿＿＿＿＿＿＿＿

3.＿＿＿＿＿＿＿＿＿＿＿＿＿＿＿＿

4.＿＿＿＿＿＿＿＿＿＿＿＿＿＿＿＿

5.＿＿＿＿＿＿＿＿＿＿＿＿＿＿＿＿

6.＿＿＿＿＿＿＿＿＿＿＿＿＿＿＿＿

7.＿＿＿＿＿＿＿＿＿＿＿＿＿＿＿＿

8.＿＿＿＿＿＿＿＿＿＿＿＿＿＿＿＿

9.＿＿＿＿＿＿＿＿＿＿＿＿＿＿＿＿

10.＿＿＿＿＿＿＿＿＿＿＿＿＿＿＿

名前_{なまえ}:_____

日付_{ひづけ}:_____

You may not understand all the Japanese on the CD,
but use the context to help you comprehend as much as you can!

I. The cooking instructor gives cooking instructions. Listen to the instructions and select the choice
that lists the correct sequence of events.

1. A. a → b → c → d   2.   A. a → c → b → d   3.   A. a → b → c → d
    B. b → c → d → a   B. a → d → b → c   B. b → a → d → c
    C. b → d → c → a   C. b → c → a → d   C. d → b → c → a
    D. c → d → a → b   D. c → b → d → a   D. c → b → d → a
    E. d → c → b → a   E. d → a → b → c   E. b → d → a → c

1のえ: a.   b.   c.   d.

2のえ: a. あぶら   b.   c. さけ   d.

3のえ: a.   b.   c.   d.

II.   Ms. Kawamoto interviews the famous singer Mr. Nakayama. Mark A for true and B for false
statements based on the interview.

4. (A. True   B. False)   Mr. Nakayama enjoys cooking by himself.

5. (A. True   B. False)   At home, Mr. Nakayama's mother cooks most of the time.

6. (A. True   B. False)   Mr. Nakayama knows how to cook Chinese noodle soup.

7. (A. True   B. False)   Mr. Nakayama prefers fish to meat.

8. (A. True   B. False)   Mr. Nakayama does not eat pork at all.

9. (A. True   B. False)   Of beef, po.. ..nd chicken, Mr. Nakayama likes beef best.

十四課

10. (A. True B. False)   Mr. Nakayama does not like eggs very much.

11. (A. True B. False)   Mr. Nakayama likes vegetables.

12. (A. True B. False)   Mr. Nakayama does not like tomatoes.

13. (A. True B. False)   Mr. Nakayama does not eat oranges.

14. (A. True B. False)   Mr. Nakayama eats strawberries.

15. (A. True B. False)   Mr. Nakayama does not like melon because his throat gets itchy.

16. (A. True B. False)   Mr. Nakayama likes sweets.

17. (A. True B. False)   Mr. Nakayama loves chocolate.

18. (A. True B. False)   Mr. Nakayama eats a lot of chocolate cake.

III. Match each conversation with one of the pictures below.

19. (A. B. C. D. E.)

20. (A. B. C. D. E.)

21. (A. B. C. D. E.)

22. (A. B. C. D. E.)

23. (A. B. C. D. E.)

A.

B.

C.

D.

E.

IV. Choose the correct word below based on the conversation you hear between Mr. Tanaka and Ms. Oshima.

24. Ms. Oshima does not add (A. salt   B. sugar   C. vinegar   D. pepper) when preparing *sushi* rice.

25. Ms. Oshima likes (A. sweet   B. salty   C. hot   D. sour) food.

名前:＿＿＿＿＿＿＿＿＿＿＿＿＿＿＿＿

日付:＿＿＿＿＿＿＿＿＿＿＿＿＿＿＿＿

I. Read the following sentences and circle はい or いいえ depending on your personal preferences, experience or opinions.

1. 買い物することが好きですか。　　　　　　　　（はい　　いいえ）

2. しゅみは食べることですか。　　　　　　　　　（はい　　いいえ）

3. 絵をかくことが上手ですか。　　　　　　　　　（はい　　いいえ）

4. 漢字を書くことはむずかしいと思いますか。　　（はい　　いいえ）

5. 犬をつれて散歩したことがありますか。　　　　（はい　　いいえ）

6. 美術館へ行くのが好きですか。　　　　　　　　（はい　　いいえ）

7. 牛肉をうすく切ることが出来ますか。　　　　　（はい　　いいえ）

8. 生たまごを食べるのは気持ちが悪いと思いますか。（はい　　いいえ）

9. すきやきを作るのはむずかしいと思いますか。　（はい　　いいえ）

10. このクラスでAをとることはむずかしいですか。（はい　　いいえ）

II. Write your own sentences using the new vocabulary below.

1. わらう（わらいます）＿＿＿＿＿＿＿＿＿＿＿＿＿＿＿＿＿＿

2. なく（なきます）＿＿＿＿＿＿＿＿＿＿＿＿＿＿＿＿＿＿

3. おこる（おこります）＿＿＿＿＿＿＿＿＿＿＿＿＿＿＿＿＿＿

4. しかる（しかります）＿＿＿＿＿＿＿＿＿＿＿＿＿＿＿＿＿＿

5. 金 (gold)＿＿＿＿＿＿＿＿＿＿＿＿＿＿＿＿＿＿

6. ずっと＿＿＿＿＿＿＿＿＿＿＿＿＿＿＿＿＿＿

7. たまに＿＿＿＿＿＿＿＿＿＿＿＿＿＿＿＿＿＿

十五課

III. First, color the picture. Then write five sentences to describe what the person is wearing, using the different Japanese verbs for "to wear." Be sure to include colors in your description.

1. _____

   _____

2. _____

   _____

3. _____

   _____

4. _____

   _____

5. _____

   _____

IV. 文化ノート： Answer the questions according to the Cultural Notes in your text.

1. What was the living arrangement of the traditional Japanese family?

_____

2. Why are some families returning to the traditional family living arrangement?

_____

3. Why is it more common these days for mothers to work outside the home?

_____

I. Look at the pictures and write a sentence that describes what each person usually does. Use the
 ～たり～たりします construction.

日本レストラン

Ex. <u>エミさんは土曜日にコンピューターでレポートをタイプしたり、日本</u>

<u>レストランで食事をしたりします。</u>

late

1.　げんたさんは日曜日に_____

_____

2.　エミさんはと書かんで_____

_____

3.　たかしさんはなつ休みに_____

_____

十五課

II. List four activities that you usually do during your free time. Then write them in one sentence using 〜たり〜たりします. Do not use any of the activities that were described on the previous page.

Activities: _____ _____

_____ _____

私はひまな時に_____

_____

III. Write your own sentences using the new vocabulary below.

1. 五年前 _____

2. ふた子 _____

3. コンクール _____

4. 一人っ子 _____

5. 一い _____

IV. 漢字コーナー： Write the underlined *hiragana* in *kanji*.

1. <u>はは</u>の<u>ひ</u>は　<u>らい</u>しゅうの　<u>にちよう</u>びです。

2. <u>かいもの</u>を　したいです。しかし、お<u>かね</u>が　ありません。

3. <u>さくもと</u>さんは　<u>ひだりて</u>が　いたかったです。しかし、<u>がっこう</u>を

<u>やす</u>みませんでした。

4. <u>ふるかわ</u>さんの　お<u>かあ</u>さんは　４５<u>さい</u>ぐらいだと　<u>おも</u>います。

十五課　　　　　　190

名前:_____

日付:_____

I. Use the Japanese and English cues to help you write sentences with verb, い adjective, な adjective, or noun forms of 〜たら.

Ex. 友だちをたすけました　→

　　友だちをたすけたら、友だちは「ありがとう。」と言いました。

When I helped my friend, my friend said, "Thank you."

1. しあいに出ました　→

　　_____

When I participated in a sports game, our team became number one (first [rank]).

2. おとなになります　→

　　_____

When (If) I grow up, I want to become a doctor.

3. 気持ちがわるいです　→

　　_____

When (If) it is unpleasant, you do not have to eat the raw egg.

4. へやがくらいです　→

　　_____

When (If) the room is dark, you can turn on the light.

5. 今日のばんごはんはすきやきです　→

　　_____

If tonight's dinner is *sukiyaki*, I will be happy.

6. 肉がきらいです　→

　　_____

If you dislike meat, I will cook vegetables.

7. しゅくだいが分かりません　→

　　_____

When (If) you do not understand the homework, please ask me.

十五課

II. Review: Fill in the blanks with the correct verb from the box below.

先生

| あげました，　さしあげました，　やりました，　くれました，　もらいました |

1. 父は　母に　くつを _____。

2. 父は　私に　時計(とけい)を _____。

3. 父は　母から　ウィスキーを _____。

4. 私は　父から　時計(とけい)を _____。

5. 母は　私から　ネックレスを _____。

6. 母は　父に　ウィスキーを _____。

7. 私は　母に　ネックレスを _____。

8. 私は　父に　シャツを _____。

9. 私は　犬(いぬ)に　ほねを _____。ほねbone

10. 私は　先生に　おすしを _____。

III. 漢字(かんじ)コーナー：Write the underlined *hiragana* in *kanji*.

1. <u>ろくじはん</u>ごろに　<u>じどうしゃ</u>で　<u>で</u>かけました。

2. <u>やす</u>みに　<u>か</u>ぞくと　レストランで　<u>しょくじ</u>を　しました。

3. <u>どようび</u>の　あさ　<u>はや</u>く　<u>か</u>いものに　<u>い</u>くと　<u>おも</u>います。

アドベンチャー日本語２　　　　　　　　　名前:＿＿＿＿＿＿＿＿＿＿＿＿＿＿＿

ワークシート１５課ー４　　　　　　　　　日付:＿＿＿＿＿＿＿＿＿＿＿＿＿＿＿

I. Read each of the descriptions of Yukiko's actions and match them with the appropriate pictures.

1. ゆき子さんは妹さんにコーヒーを持って来てもらいました。

2. ゆき子さんは犬に食べ物を買ってやりました。

3. ゆき子さんはお兄さんにジャケットをかしてもらいました。

4. ゆき子さんはお母さんにマッサージをしてあげました。

（　　）　　　　　　（　　）　　　　　　（　　）　　　　　　（　　）

II. Fill in the parentheses with appropriate particles or verbs so that the Japanese sentences accurately describe the English situations.

1. Your friend lost his lunch money so you loaned him some.

私は友だち（　）お金をかして（　　　　　　）。

2. Your mother made you lunch.

母（　）私（　）おべんとう（　）作って（　　　　　　）。

3. You had your friend take you to a party.

私（　）友だち（　）パーティー（　）つれて行って（　　　　　　）。

4. You bought some candy for your little sister.

私（　）いもうと（　）おかしを買って（　　　　　　）。

III. Think of two things someone did for you, then describe the favors below.

Ex. 戸田さんは　私に　えを　かいて　くれました。

1. ＿＿＿＿＿＿＿＿＿＿＿＿＿＿＿＿＿＿＿＿＿＿＿＿＿＿＿＿＿＿＿＿＿

2. ＿＿＿＿＿＿＿＿＿＿＿＿＿＿＿＿＿＿＿＿＿＿＿＿＿＿＿＿＿＿＿＿＿

十五課

IV. Write your own sentences using the new vocabulary below.

1. かんしゃ（を）する

_____

2. あいしています

_____

3. ことば

_____

V. 漢字コーナー： Below are some *kanji* that look similar to each other. Write the reading for
　　　　　　　　each *kanji* in *hiragana*.

1. 大_____きい　太_____る　犬_____　　　6. 右_____　　左_____

2. 女_____　　　安_____い　好_____き　　7. 目_____　　自_____

3. 門_____　　　間_____　　聞_____く　　8. 玉_____　　国_____

4. 夕_____　　　多_____い　外_____　　　9. 人_____　　入_____る

5. 戸_____　　　所_____　　近_____い　　10. 古_____い　早_____い

VI. 文化ノート： Based on your own knowledge or experiences, write one similarity and one
　　　　　　　　difference between American and Japanese family time practices, in English.

Similarity: _____

_____

_____

Difference: _____

_____

_____

I. Read the narrative about Emi's mother from Lesson 15. Then read the statements below and circle 本当とう or うそ.

1. （本当とう　うそ）エミさんのお母さんは五年前エミさんのお父さんと

　　　　　　　　　　りこんしました。

2. （本当とう　うそ）エミさんのきょうだいは二人です。

3. （本当とう　うそ）エミさんのお母さんはひまな時におよいだりします。

　　　　　　　　　　ですから、エミさんのお母さんはやせています。

4. （本当とう　うそ）エミさんのお母さんはくらい人です。

5. （本当とう　うそ）エミさんが悪わるいことをしても、お母さんはおこりません。

6. （本当とう　うそ）エミさんはいつも一人で宿題しゅくだいをしています。

7. （本当とう　うそ）エミさんがいつも家のそうじとせんたくをしています。

8. （本当とう　うそ）先月のピアノのコンクールで、エミさんは三位でした。

　　　　　　　　　　エミさんはとてもうれしかったです。

9. （本当とう　うそ）エミさんはお母さんにとてもかんしゃしていますから、

　　　　　　　　　　母の日のカードを書きました。

II. Name three things your mother (or someone close to you) does for you that you appreciate.
　　Be sure to use the "Giver は + Receiver (me) に + Verb (TE form) くれます" sentence structure.

1. _____

2. _____

3. _____

十五課

III. Translate the words below into Japanese. Then look for and circle the words in the puzzle. The words may be written horizontally, vertically, diagonally and/or backwards.

え	れ	わ	ら	う	て	ひ	や	わ	き	た	ま	に	に
り	お	い	そ	け	こ	ま	に	か	ま	せ	め	も	う
こ	ろ	せ	な	つ	と	な	ゆ	ろ	く	む	し	な	ぬ
ん	か	あ	あ	く	さ	と	ぬ	お	み	す	か	は	い
を	や	す	う	い	は	き	ん	れ	か	め	る	と	ね
す	き	こ	き	ち	し	な	じ	ぶ	ん	し	る	ひ	あ
る	お	と	な	き	し	て	よ	え	し	も	け	て	の
う	の	ば	に	た	そ	ほ	い	る	ゃ	さ	す	ふ	え
そ	く	し	る	か	の	そ	ね	ま	を	ふ	た	ご	ま
る	ゆ	こ	ぬ	の	と	へ	ん	う	す	ま	そ	つ	ん
い	お	さ	え	お	き	せ	の	り	る	こ	む	へ	ね
り	け	ん	な	に	か	ふ	あ	い	け	み	た	ち	ご
お	よ	こ	く	ね	ひ	す	ら	え	を	か	く	ほ	ら

1. to love _____
2. words _____
3. to rescue, help _____
4. something _____
5. oneself _____
6. adult _____
7. five years ago _____
8. twin _____
9. when (someone) is free _____
10. at that time _____

11. to smile, laugh _____
12. to divorce _____
13. to paint a picture _____
14. to appreciate, thank _____
15. to scold _____
16. to get angry _____
17. to cry _____
18. gold _____
19. occasionally, once in a while

名前:＿＿＿＿＿＿＿＿＿＿＿＿＿＿＿＿

日付（ひづけ）:＿＿＿＿＿＿＿＿＿＿＿＿＿＿＿

You may not understand all the Japanese on the CD,
but use the context to help you comprehend as much as you can!

I. Choose A for true statements and B for false statements according to the information below.

1. (A. True   B. False)
2. (A. True   B. False)
3. (A. True   B. False)
4. (A. True   B. False)
5. (A. True   B. False)

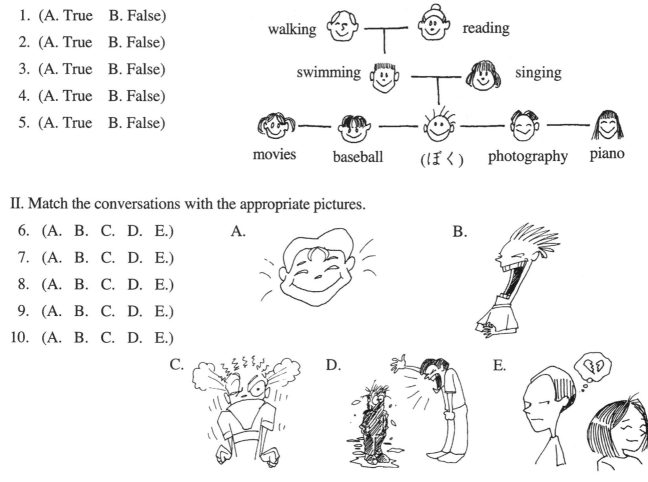

II. Match the conversations with the appropriate pictures.

6. (A. B. C. D. E.)
7. (A. B. C. D. E.)
8. (A. B. C. D. E.)
9. (A. B. C. D. E.)
10. (A. B. C. D. E.)

III. Choose the correct responses according to the story about my father.

11. My father is (A. 40   B. 45   C. 50   D. 55) years old.

12. My father is a (A. lawyer   B. doctor   C. teacher   D. cook).

13. My father was divorced (A. 3   B. 4   C. 5   D. 10) years ago.

14. I visit my father (A. once a week   B. once a month   C. twice a week   D. twice a month).

15. My father's hobbies are jogging and (A. music   B. watching movies   C. photography   D. art).

十五課

16. My father runs (A. once a week   B. once a month   C. twice a week   D. twice a month).

17. My father runs about (A. 1   B. 2   C. 3   D. 4) hours each time.

18. In his leisure time, my father enjoys (A. reading and dancing   B. sleeping and music

   C. watching TV and movies   D. music and reading).

19. I won (A. 1st   B. 2nd   C. 3rd   D. 4th) place at the piano competition.

20. I was (A. happy   B. sad   C. angry   D. disappointed) about the results of the piano competition.

IV. What does each family member do for me? Choose the correct response.

21. (A. My mother B. My father C. My grandmother D. No one) takes me to school.

22. (A. My mother B. My father C. My grandmother D. No one) does my laundry for me.

23. (A. My mother B. My father C. My grandmother D. No one) teaches me how to drive.

24. (A. My mother B. My father C. My grandmother D. No one) makes dinner for me.

25. (A. My mother B. My father C. My grandmother D. No one) picks me up at school.

V. Yuki is looking at a photo of her mother and describes her mother. Draw Yuki's mother as described by Yuki.

Write about an important person in your life such as your mother, father, or other family member. Brainstorm by answering the following questions. Organize your thoughts before writing your first draft.

Questions:

1. What does he/she do for you?　何をしてくれますか。

2. What do you ask him/her to do?　何をしてもらいますか。

3. What do you do for him/her?　何をしてあげますか。

Brainstorm:

Outline:

Introduction:

Body:

Summary:

十五課

How to use *genkoyoshi* (Japanese composition paper).

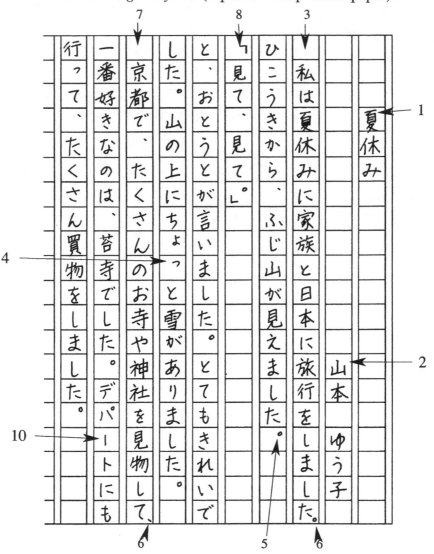

1. Title: Write on the first line. Leave three to four spaces at the top before writing the title.
2. Name: Write on the second line. Write your last name first. Leave a space and write your first name. Leave one space at the bottom of the line.
3. Body: Start writing your composition on the line following your name. Indent one space.
4. For small letters such as "っ" and "ゃ," use one space and write them in the upper right part of the square.
5. Periods and commas: Use one space. Write in the upper right part of the square.
6. Do not write periods or commas at the beginning of a new line. Instead, write them at the bottom of the line within the space of the previous character, as indicated.
7. New paragraph: Indent one space.
8. When a sentence starts with ⌐ or ⌒, use one space as indicated.
9. Do not use ⌐ or ⌒ at the top of a new line. Instead, write it at the end of the sentence within the space of the previous character at the bottom of the sheet.
10. For *katakana* vowel lengthening, use │ as indicated. Use one space.

十五課　　　200

十五課

I. Fill in the blanks with the correct particles. Write X if no particle is required.

1. すみません、はこ＿＿＿　入れて　下さい。

2. 好き＿＿＿　いろは　何ですか。

3. 白い＿＿＿　シャツを　下さい。ピンク＿＿＿　シャツも　下さい。

4. シャツの　中＿＿＿　あか＿＿＿　一番　好きです。

5. あか＿＿＿　あお＿＿＿　白＿＿＿　どれ＿＿＿　一番　好きですか。

6. 五時半＿＿＿　バスケットの　しあい＿＿＿　はじまります。

7. 今日　母＿＿＿　私＿＿＿　車＿＿＿　むかえ＿＿＿　来て　くれます。

8. 父＿＿＿　日本語＿＿＿　少し＿＿＿　出来ます。

9. チュウきち＿＿＿　「いっしょうけんめい　はたらきます。」＿＿＿
   言いました。

10. ちょっと　うかがいます＿＿＿、この　へん＿＿＿　電話＿＿＿　ありますか。

11. この＿＿＿　とおり＿＿＿　まっすぐ＿＿＿　行って、二番目＿＿＿
   こうさてん＿＿＿　右＿＿＿　まがって　下さい。

12. はし＿＿＿　わたる＿＿＿、ゆうびんきょく＿＿＿　右＿＿＿　あります。

13. ハワイ＿＿＿　日本＿＿＿　ひこうき＿＿＿　どのぐらい　かかりますか。

14. およぐ＿＿＿と　テニスを　する＿＿＿と　どちらの方が　好きですか。

15. およぐ＿＿＿は、テニスを　する＿＿＿より　好きです。

16. テニスを　する＿＿＿は、およぐ＿＿＿ほど　好きではありません。

17. 大きく＿＿＿　なったら、いしゃ＿＿＿　なりたいです。

18. だいどころを　きれい＿＿＿＿　して　下さい。

19. すきやき＿＿＿＿　作り方＿＿＿＿　おしえて　下さい。

20. まず＿＿＿　なべ＿＿＿　あつく＿＿＿　して　下さい。やさいを　小さく＿＿＿
   きって、牛肉を　半分＿＿＿　きって　下さい。

21. 私は　友だち＿＿＿　しゅくだい＿＿＿　手つだって　もらいました。

十六課

II. Fill in the blanks with appropriate responses.

1. あかと白とで_____の方が好きですか。

2. あかと白とあおとで_____が一番好きですか。

3. ねずみのシャツは犬のシャツ_____好きです。

4. 犬のシャツはねずみのシャツ_____好きではありません。

5. 母は毎日３時半に私を学校に _____ 来て くれます。(pick up)

6. しゅくだいをわすれましたから、ロッカーへ_____行っても いいですか。(get)

7. 山田さんはクラスにおもちを_____来てくれました。(brought)

8. すみませんが、８時にくうこうへ_____行って下さい。(take)

9. 日本語のしけんは月曜日_____と思います。

10. ねずみのよめいりのげきが好き_____と思います。(liked)

11. ねずみのよめいりのげきは_____と思います。(was good)

12. しゅうまつえいがを_____、本を _____、したいです。

13. 私は百ドル_____、新しいジャケットを買いたいです。(If I have)

14. おとなに_____、いしゃになりたいです。(When I become)

15. 私のしゅみはえを_____ことです。

III. Write the following expressions in Japanese.

1. Welcome. May I help you?   _____

2. I did it! (You achieved what you wanted.)   _____

3. Hurray! (Used for happy occasions.)   _____

4. I'm excited.   _____

5. How ridiculous! That's impossible!   _____

6. Indeed. / I see.   _____

7. What happened?   _____

8. [Expression used before meals.]   _____

9. [Expression used after meals.]   _____

I. Complete the following sentences using the English and Japanese cues.

1. おなかが　すいて　いましたから、ぜんぶ _____。

                                    ate completely (食べる)

2. 今　百ドル _____、CDを　買いたいです。

                 if I have (ある)

3. この　本を _____。

                 have you ever read? (読む)

4. しゅくだいを _____。

                 please don't forget (わすれる)

5. あした　学校へ _____。

                 no need to come (来る)

6. この　しゅくだいを _____。

                 have to do (する)

7. えんぴつを _____。

                 may I borrow? (かりる)

8. 日本語の　きょうしつで _____。

                 not allowed to eat (食べる)

9. この　ケーキは _____。

                 too sweet (あまい)

10. わあ、_____ねえ。

                 looks delicious (おいしい)

11. すきやきが _____。

                 ready, done (出来る)

12. お天気が _____。

                 became better (いい)

13. しけんを _____。

                 please make it easy (やさしい)

14. 日本の　学生は _____。

                 study too much (べんきょうする)

15. 大きく　なったら、_____。

                 want to become a doctor (いしゃになる)

16. _____、さとうを　入れて、あまく　しましょう。

                 If it is salty (からい)

十六課

II. Fill in the (　) with the correct antonyms (opposites).

1. さとうは　甘いですが、塩は　＿＿＿＿＿＿＿＿＿です。

2. こしょうは　からいですが、レモンは　＿＿＿＿＿＿＿＿です。

3. 今　道は　すいて　いますが、夕方に　道は　＿＿＿＿＿＿＿います。

4. ラッシュアワーに　車が　多いですが、今　車が　＿＿＿＿＿＿＿です。

5. あなたの　くつと　私のは　同じですが、まりさんのと　私のは
　＿＿＿＿＿＿＿ます。

6. 母は　太って　いますが、父は　＿＿＿＿＿＿＿います。

7. 兄は　背が　高いですが、私は　背が　＿＿＿＿＿＿＿です。

8. ぼくは　午前　六時に　起きて、＿＿＿＿＿＿＿十時に　寝ます。

9. 弟の　チームは　強いですが、ぼくの　チームは　＿＿＿＿＿＿＿です。

10. 弟の　チームは　勝ちましたが、ぼくの　チームは　＿＿＿＿＿＿＿。

11. 今週は　＿＿＿＿＿＿＿ですが、来週は　ひまでしょう。

12. この　部屋は　明るいですが、私の　部屋は　＿＿＿＿＿＿＿です。

13. ケーキを　うすく　切らないで、もっと　＿＿＿＿＿＿＿　切って　下さい。

III. Based on the story ねずみのよめいり, mark 本当 or うそ.

1. (本当　うそ) チュウ吉は　一番　えらかったです。

2. (本当　うそ) チュウ吉は　貧乏な　ねずみでした。

3. (本当　うそ) お日さまは　雲さんより　えらかったです。

4. (本当　うそ) 雲さんは　風さんより　えらかったです。

5. (本当　うそ) 風さんは　壁さんほど　えらくなかったです。

6. (本当　うそ) 壁さんは　ねずみさんほど　えらくなかったです。

7. (本当　うそ) チュウ子は　お金持ちの　ねずみの　むすめでした。

8. (本当　うそ) チュウ子の　お父さんは　結婚は　だめだと　言いました
　　　　　から、チュウ吉は　チュウ子と　結婚することが
　　　　　出来ませんでした。

I. Rewrite the entire sentence using *kanji* you learned.

1. <u>とも</u>だちは　<u>しろ</u>い　<u>いぬ</u>の　シャツが　<u>たか</u>かったと　<u>い</u>いました。

2. <u>ほんや</u>で　<u>よんまんはっせんろっぴゃくえん</u>の　<u>か</u>い<u>もの</u>を　しました。

3. <u>ちち</u>は　<u>まいにち</u>　<u>しんぶん</u>を　<u>よ</u>んで　<u>かい</u>しゃへ　<u>い</u>きます。

4. <u>だいじ</u>な　しあいは　<u>ごじ</u>はんから　<u>がっこう</u>で　あると　<u>おも</u>いますよ。

5. <u>いえ</u>の　<u>そと</u>で　<u>ま</u>って　いますから、むかえに　<u>き</u>て　ください。

6. <u>きょう</u>の　<u>にほん</u>の　<u>お</u><u>てんき</u>は　<u>あめ</u>だと　ラジオで　<u>き</u>きました。

II. Rewrite in Japanese.

A. Verbs.

1. I will go to eat. ＿＿＿＿＿＿＿＿＿＿＿＿＿＿＿＿＿＿＿

2. I like to swim. ＿＿＿＿＿＿＿＿＿＿＿＿＿＿＿＿＿＿＿

3. I plan to go. ＿＿＿＿＿＿＿＿＿＿＿＿＿＿＿＿＿＿＿

4. I do not plan to go. ＿＿＿＿＿＿＿＿＿＿＿＿＿＿＿＿＿＿＿

5. I am supposed to go. ＿＿＿＿＿＿＿＿＿＿＿＿＿＿＿＿＿＿＿

6. Won't you go? (Invitation) ＿＿＿＿＿＿＿＿＿＿＿＿＿＿＿＿＿＿＿

7. I want to go. ＿＿＿＿＿＿＿＿＿＿＿＿＿＿＿＿＿＿＿

8. I don't want to go. ＿＿＿＿＿＿＿＿＿＿＿＿＿＿＿＿＿＿＿

十六課

9. May I go? _____

10. You may eat. _____

11. You may not eat. _____

12. I am eating now. _____

13. Please do not eat. _____

14. You must/have to eat. _____

15. You do not have to eat. _____

16. I can write *kanji*. _____

17. I am able to swim. _____

18. I have gone to Japan. (Experience) _____

19. You swim too much. _____

20. Please teach me how to swim. _____

21. If you swim every day, you will be healthy. _____

22. I do such things as swimming and running. _____

B. い Adjectives

1. It is not cheap. _____

2. It was cheap. _____

3. It was not cheap. _____

4. It looks cheap. _____

5. It is too cheap. _____

6. It became cheaper. _____

7. Please make it cheaper. _____

8. I think it was cheap. _____

I. Fill in the blanks with the correct antonyms (opposites).

1. 父と母は十八年前に結婚しましたが、三年前に＿＿＿＿＿＿＿＿しました。

2. 田中さんの家はお金持ちですが、ぼくの家は＿＿＿＿＿＿＿＿です。

3. 田中さんの娘さんの名前はあき子で、＿＿＿＿＿＿＿＿の名前はけんです。

4. 兄は近くに住んでいますが、姉は＿＿＿＿＿＿＿＿に住んでいます。

5. 私の部屋は明るいですが、この部屋は＿＿＿＿＿＿＿＿ですねえ。

6. あの角を右にまがって、次の角を＿＿＿＿＿＿＿＿にまがって下さい。

7. この建物の入口はここですが、＿＿＿＿＿＿＿＿はあそこですよ。

8. 今朝、お天気は＿＿＿＿＿＿＿＿ですが、今、悪いです。

9. 成績が良かったらうれしいですが、悪かったら＿＿＿＿＿＿＿＿です。

II. Rewrite the sentences using *kanji* you learned.

1. みぎのおとこのシャツのほうがひだりのおんなのシャツよりやすいです。

2. ゆうがたしちじはんごろにいえにでんわをしてください。

3. そのあたらしいにくやはちかいところにありますよ。

4. あのこうこうせいはかんじをかくのがとてもじょうずです。

5. わたしはさかなのてんぷらをつくることができますよ。

十六課

III. Choose the correct responses.

A. | あげます, くれます, やります, もらいます, さしあげます |

1. 母は私におひるごはんを作って_____。　　My mother makes lunch for me.

2. 私は犬にドッグフードを買って_____。　　I bought dog food for my dog.

3. 私は友だちに宿題(しゅくだい)を手つだって_____。
　　　　　I will ask my friend to help me with my homework.

4. 私は友だちにお金を貸(か)して_____。　I will lend some money to my friend.

B. | とりに, むかえに, 持って, つれて |

1. すみませんが、五時ごろ私を_____来て下さい。

2. 明日(あした)のパーティーに友だちを_____行ってもいいですか。

3. 明日(あした)のパーティーに飲み物を_____来て下さい。

4. あなたは家にさいふをわすれましたね。明日(あした)_____来て下さい。

C. | かけて, きて, して, はいて, 持って, かぶって |

1. 母はたまにめがねを_____います。

2. 母はずっと金のネックレスを_____います。

3. 母は時々ぼうしを_____います。

4. 母はたいていドレスを_____、会社(しゃ)に行きます。

5. 母は高いハンドバッグを_____、パーティーに行きます。

6. 母はいつも家でズボンを_____います。

IV. Change the following to their potential (can do) verb forms.

1. 話す　　→ 話せます　　　　　　6. およぐ　→_____

2. 読む　　→_____　　　　　7. 来る　　→_____

3. 書く　　→_____　　　　　8. 待つ　　→_____

4. 食べる　→_____　　　　　9. 作る　　→_____

5. はしる　→_____　　　　　10. 会う　　→_____

十六課　　　　　　　210